Comunità sostenibile

Un quadro per un futuro migliore

Wayne Fox

Copyright © 2024 Wayne Fox. Tutti i diritti riservati.

Nessuna parte di questo libro può essere riprodotta in qualsiasi forma senza il permesso scritto dell'Autore. I revisori possono citare brevi passaggi nelle recensioni.

Dichiarazione di non responsabilità e dichiarazione di non responsabilità FTC

Nessuna parte di questa pubblicazione può essere riprodotta o trasmessa in qualsiasi forma o con qualsiasi mezzo, meccanico o elettronico, comprese fotocopie o registrazioni, tramite qualsiasi sistema di archiviazione e recupero delle informazioni o tramite e-mail senza il permesso scritto dell'editore.

Nonostante siano stati fatti tutti i tentativi per verificare le informazioni fornite in questa pubblicazione, l'Autore non si assume alcuna responsabilità per errori, omissioni o interpretazioni contrarie dell'argomento in essa contenuto.

Questo libro è solo a scopo di intrattenimento. Le opinioni espresse sono quelle dell'Autore e non devono essere considerate come istruzioni o comandi di esperti. Il lettore è responsabile delle proprie azioni.

Il rispetto di tutte le leggi e i regolamenti applicabili, comprese le licenze professionali internazionali federali, statali e locali, le pratiche commerciali, la pubblicità e tutti gli altri aspetti dell'attività commerciale negli Stati Uniti, in Canada, nel Regno Unito o in qualsiasi altra giurisdizione, è di esclusiva responsabilità di l'acquirente o il lettore.

L'Autore non si assume alcuna responsabilità di sorta per conto dell'acquirente o del lettore di questo materiale.

Qualsiasi offesa percepita nei confronti di un individuo o di un'organizzazione è puramente involontaria. A volte utilizzo link di affiliazione con il contenuto del libro. Ciò significa che mi verrà pagata una commissione sulle vendite se effettui un acquisto. Questo, tuttavia, non significa che la mia opinione sia in vendita. Tutti i link di affiliazione elencati nel libro rappresentano i servizi e i prodotti per i quali ho utilizzato personalmente e che ho trovato utili. Il lettore o l'acquirente dovrebbe fare le proprie ricerche prima di effettuare un acquisto online.

Contenuti

1.0 Cosa dicono gli altri

2.0 Introduzione

3.1 Parte Prima - Il Serpente che si nutre

4.0 Parte Seconda – Quadro per un futuro migliore

4.1 Formula

4.2 Radice

4.3 Scambio

4.4 Eccitare

4.5 Progettazione

4.6 Ottimizzato

4.7 Mortale

5.0 Conclusione - Utilizzare il modello nella propria vita

6.0 Informazioni sull'autore

Quello che dicono gli altri

Le tue recensioni vanno qui

7

introduzione

Domenica 12 marzo 2023. *"Non posso sfamare la mia famiglia, mi hanno rubato i mezzi di sostentamento, non so cosa fare"*. Abayomi fatica ad esprimere le sue parole soffocate dalle lacrime, non capendo come risolvere la sua situazione. Fino a pochi mesi prima racimolava abbastanza soldi vendendo souvenir ai turisti sulla spiaggia. Da allora, alla gente del posto è stato vietato l'accesso alla spiaggia.

Sono state erette enormi recinzioni di filo metallico per impedire loro di visitare quello che una volta era il loro diritto di nascita. Suo marito, Abdul, è un pescatore. Anche lui non può più guadagnarsi da vivere; non ha più accesso alla costa.

I resort alberghieri della zona hanno aperto negozi all'interno dei loro complessi; i turisti hanno tutto ciò di cui hanno bisogno all'interno del resort. Oggi sono pochi i turisti che esplorano la zona; sono incoraggiati ad acquistare tutto ciò di cui hanno bisogno all'interno dei resort. Prima che ciò accadesse, Abayomi sopravviveva con meno di 45 dollari al mese per nutrire se stessa, suo marito e i suoi cinque figli. I suoi figli non hanno nemmeno le scarpe da indossare; vanno a scuola a piedi nudi. La loro scuola è piccola e angusta. Durante la stagione delle piogge, l'acqua scende a cascata attraverso i buchi nel tetto e cade sugli studenti. L'edificio è in uno stato di conservazione così pessimo che qualsiasi paese occidentale lo avrebbe abbandonato anni fa, etichettandolo come " *'rischio per la vita'*.

Se qualcuno della famiglia di Abayomi si ammala, non esiste alcun sistema sanitario naturale che possa aiutarlo: solo un ospedale improvvisato a cinquanta miglia di distanza; Abayomi non ha comunque mezzi di trasporto per raggiungerlo. È una storia simile in molti dei paesi di frontiera e meno sviluppati. E' così da più tempo di quando sono vivo. Eppure, molte di queste nazioni possiedono alcune delle risorse naturali più preziose del pianeta: oro, argento, diamanti e petrolio. Supponiamo che la ricchezza di una nazione rifletta il valore delle sue risorse naturali. In tal caso, tutte queste persone dovrebbero andare in giro in supercar. Tuttavia, faticano ad acquistare lo stretto necessario per sopravvivere. Questa terra appartiene al popolo, ma un gruppo di avidi parassiti l'ha rubata.

Gli editori dicono sempre che dovresti avere in mente un lettore target quando scrivi un libro. Il lettore target, in questo caso, devo essere io. Principalmente, è scritto per il cercatore di libertà che è in me, un ribelle al sistema, frustrato dallo status quo nel mondo, affamato di cambiamenti drastici per il bene di ogni essere umano su questo pianeta.

È per chiunque voglia creare una vita migliore per se stesso e la propria famiglia.

In secondo luogo, questo è per i numerosi partner che possono dare vita a questo quadro. Questi possono includere operatori alberghieri e termali che desiderano crescere ed espandersi, insieme ai partner edili desiderosi di prestare la propria esperienza e risorse per assistere alla rivoluzione.

Poi ci sono gli artefici del cambiamento, coloro che desiderano avere un impatto su persone come Abayomi e la sua famiglia investendo in un modello che cambia la vita delle persone ottenendo allo stesso tempo un fantastico ritorno sul proprio investimento.

Tutta la mia vita è stata in preparazione per questo momento. Mi occupo da oltre 40 anni di sviluppo e costruzione immobiliare. Appartengo alla quarta generazione di una famiglia coinvolta nel settore dell'edilizia e dello sviluppo immobiliare da 100 anni, fin dal mio bisnonno, Fred Fletcher, un muratore di Nottingham, nel Regno Unito. Molti sono i progetti che ho realizzato, dalla ristrutturazione di antiche case padronali alla costruzione, allestimento e ristrutturazione di alberghi, uffici e complessi residenziali.

Durante questo periodo ho imparato molto su me stesso e quali sono i miei punti di forza. La mia capacità di rilanciare un'azienda, reimmaginare modelli di business e creare nuove offerte di prodotti, combinata con la mia capacità di vedere il futuro e produrre una visione che soddisfi quel futuro. Questi punti di forza hanno generato i successi e le frustrazioni più significativi della mia vita. Parlo delle frustrazioni perché quando dici a qualcuno che un mostro sta arrivando dalla collina, ma lui non può vederlo o sentirlo, quindi non crede che sia reale. Quando lo vedono, è troppo tardi. Questi ultimi quindici anni sono stati pieni di molta frustrazione poiché ho ripetutamente messo in guardia le persone solo per vedere la loro attività morire e perdere tutto ciò su cui avevano lavorato così duramente per tutta la vita perché non credevano che la minaccia fosse reale.

Ho realizzato i miei punti di forza per la prima volta quando avevo vent'anni, quando abbiamo trasformato la nostra attività di impresa familiare da un'azienda che lavorava per pochi proprietari di case locali a un decennio più tardi con contratti e personale in tutta la Scozia, lavorando per molti clienti famosi, tra cui Serco, Swallow Hotels & Best Western Hotels, insieme a molte autorità locali governative. I miei partner hanno lavorato con aziende come Disney, Four Seasons e Marriott, oltre a fare ogni genere di cose entusiasmanti, come quotare le aziende.

Nel 2009, sono stato coinvolto in una start-up nel settore delle energie rinnovabili e, nel giro di due anni, l'ho portata a diventare la più grande azienda di energia da biomassa nel Regno Unito. Alcuni anni dopo, sono stato coinvolto in una piccola società di media, con un fatturato annuo di circa £ 200.000. Nel giro di quattro mesi ci siamo assicurati un contratto per esportare i loro servizi in Cina, per un valore di oltre un milione di sterline. Questi sono solo due esempi delle varie attività che ho rilanciato negli ultimi tre decenni.

La mia attenzione ora è su ciò che chiamo *"la rivoluzione della libertà"*--creare opportunità che ci conducano verso un mondo più sano, incentrato sulle opportunità e ispirato alla libertà, che è parte di ciò di cui leggerai in questo libro.

Il motivo per cui ho scritto questo libro è quello di fornire una comprensione di dove sta andando il mondo e dare uno sguardo a un modo alternativo. Non condivido questo per riempirti la testa di sventure e teorie del complotto, ma piuttosto per consentirti di posizionare te stesso e la tua attività in modo che l'imminente tsunami di cambiamento e sconvolgimento non ti influenzi.

Il sottoprodotto del seguire questo modello, lo condividerò, è che mentre migliorerai la tua vita e quella di coloro che ti circondano, migliorerai anche la vita di milioni di persone come Abayomi, che sono state derubate il loro diritto di nascita da parte del mondo sviluppato, quindi una manciata di avidi parassiti può accumulare la loro moneta come una creatura golem malvagia e contorta, mentre quelli a cui hanno rubato vengono lasciati a marcire, come topi morenti.
Intendo fornirti una struttura per migliorare diverse aree della tua vita e accenderò i riflettori su alcune aree che devi ancora considerare. Alcuni suggerimenti potrebbero metterti a disagio, portandoti a respingerli perché sono così ovvi che potresti chiederti perché non li avevi scoperti prima. Alla fine del libro avrai le basi su cui costruire, apportando cambiamenti nella tua vita e

notando l'effetto farfalla su tutti coloro che ti circondano.

La nostra attività intende fornire l'accesso a queste modalità alternative in un formato pacchetto. Comprendiamo che vivi una vita frenetica e la maggior parte potrebbe sentirsi sopraffatta da questo quadro dopo averlo letto. Altri potrebbero voler essere coinvolti, ma devono acquisire le competenze o l'esperienza diretta per sapere da dove cominciare.

Parte del nostro obiettivo immediato è utilizzare la nostra esperienza nello sviluppo immobiliare e nei servizi energetici, nell'espansione delle imprese e nella raccolta di investimenti per costruire una comunità di villaggio privato, soluzioni di autosufficienza, investimenti alberghieri, sviluppi di hotel e spa, soluzioni sostenibili per cibo, acqua, energia e rifiuti, ma alla fine utilizza tutti questi generatori di entrate per avere un impatto sulla vita di persone come Abayomi e la sua famiglia, di cui leggerai di più nella seconda parte.

Il libro è diviso in due parti. La prima parte esaminerà i problemi attuali del sistema, cosa li ha portati e dove ci porteranno se non ci svegliamo e non cambiamo rotta rapidamente. Nella seconda parte condividerò il nostro FREEDOM Framework™, fornendo sette aree su cui concentrarti, sia che tu voglia migliorare la tua salute o costruire la tua comunità.

Inizio questo viaggio con una semplice domanda: *"Cosa ci vorrebbe per creare una vita completamente autosostenibile, non solo per me ma per una comunità di persone, ciascuna con i propri bisogni individuali?"*

Puoi vedere la vista dall'Everest solo dopo aver scalato la montagna. Le cose buone nascono da situazioni scomode. La salita inizia proprio adesso.

Prima parte

Il serpente che si nutre

Questo capitolo esaminerà lo stato attuale del mondo, cosa lo ha portato a questo punto e dove andrà a finire se non cambiamo rotta rapidamente. Ma non ho intenzione di iniziare a parlare di cambiamento climatico, come ci si potrebbe aspettare; ecco quanti di questi *'libri sulla sostenibilità'* inizio.

Questo libro parla dell'allontanamento da coloro che promuovono nefasti programmi di controllo. Continuando a leggere capirai perché dico questo. Gli esseri umani nascono liberi; non hanno bisogno di essere dettati da burocrati non eletti. In questo capitolo si discuterà a chi traggono realmente vantaggio questi vari programmi perché, a prima vista, mentre predicano di salvare il pianeta, la maggior parte di essi riguarda qualcosa di molto più nefasto. Se sostituissi le parole *'cambiamento climatico'* per *"controllo finale del popolo"*, si applicherebbe lo stesso playbook.

Devi procedere con cautela se non hai ancora visto nessuno dei miei contenuti che inducono il trigger prima di questo punto. In questa sezione del libro, c'è una forte possibilità che qualcosa che leggi ti inneschi e ti offenda. Questo è un avvertimento. Avrei potuto attenuarlo un po' per attutire il colpo, ma il fatto è che non lo dico per ferire i sentimenti di nessuno; non è rivolto a te, quindi allontanati dalla linea di fuoco e smettila di difendere il sistema che ti caga addosso. Se sei offeso dalla verità che condivido, forse chiediti perché dovresti proteggere un sistema che ti rende continuamente più povero, ti rende più malato, ti rende più stupido e, alla fine, ti rende più dipendente da esso. Se ne sei offeso perché hai impiegato una vita per qualificarti in una materia che sto per distruggere, allora non ti biasimo per essere arrabbiato. Lo sarei anch'io, ma sono solo il ragazzo con la torcia, che cerca di far luce sui corridoi oscuri del sistema. È con il sistema che devi arrabbiarti, non con il ragazzo con la torcia.

Sfortunatamente, ovunque si guardi, il mondo occidentale è corrotto e tossico e per lo più fa l'opposto di ciò che viene presentato. Viviamo in un mondo capovolto in cui le cose presentate come buone sono malvagie, mentre le cose o le persone realmente buone sono presentate come malvagie.

Supponiamo che riusciremo mai a trovare una soluzione sostenibile ai problemi del mondo. In tal caso, dobbiamo smettere di sentirci offesi da tutto, smettere di prendere tutto in modo così personale, dimenticare tutto quel lavaggio del cervello che ci è stato fatto e iniziare a vivere la nostra vita consapevoli di come funziona davvero il mondo. Niente di tutto ciò ti sciocchera se sarai completamente sveglio a tutto ciò che condividerò con te. Alcuni di essi potrebbero farti riflettere ancora più profondamente su quanto lontano si spinge questa tana del coniglio e perché. Quindi ora ti ho preparato mentalmente; è ora di entrarci. Preparati.

Sistema finanziario

Sapevate che nel mondo occidentale il 99,9% delle imprese sono di piccole e medie dimensioni, ma meno dell'1% degli investimenti è destinato a questo settore dell'economia? Il quadro è ancora peggiore nei paesi di frontiera e meno sviluppati.

La maggior parte del sistema finanziario è controllato, posseduto o dettato da una piccola manciata di fondi di investimento e interessi aziendali. Blackrock, State Street e Vanguard hanno investito 22 trilioni di dollari nel mercato. Questi non sono gli unici fondi di investimento, ma possiedono gran parte degli asset oggi presenti sul mercato. Ogni settore, che si tratti di aziende pubbliche, aziende farmaceutiche e tecnologiche, spazi per uffici, edilizia sociale e terreni agricoli. Questa partecipazione conferisce loro un'influenza di controllo su un'ampia porzione del mercato e, con ciò, un impatto sostanziale sul funzionamento del mondo. Il problema non riguarda solo queste tre società; Numerosi altri interessi di controllo esistono da molto più tempo. Naturalmente abbiamo sempre avuto il nostro vecchio amico *'Avidità'*, che ad un certo punto domina la mente di tutti. Cito solo questi tre importanti fondi di investimento poiché è facile per te effettuare ricerche tu stesso se lo desideri, mentre gli altri soggetti controllanti sono privati.

Come abbiamo visto nel crollo finanziario del 2008/09, i gestori degli investimenti sono stati incentivati a concludere accordi indipendentemente dal fatto che andassero a vantaggio del pubblico in generale, del fondo o dei suoi investitori.

La maggior parte dell'economia globale è in bancarotta. Nel Regno Unito e negli Stati Uniti, il valore della valuta ha perso oltre il 90% negli ultimi anni poiché i governi continuano a stampare denaro falso, svalutando la ricchezza della loro nazione rispetto ad altre valute. L'economia globale alla fine crollerà, spazzando via per sempre i risparmi, le pensioni e la ricchezza della maggior parte delle persone e probabilmente trascinando con sé ogni piccola impresa.

Nel 2020, il mondo ha sperimentato quella che alcuni chiamerebbero la presa del controllo da parte delle imprese dell'economia globale. Mentre tutte le piccole imprese nei paesi occidentali furono costrette a chiudere, ai monopoli aziendali fu permesso di continuare a operare.

Perché la macelleria a conduzione familiare nella via principale del mio paese ha dovuto chiudere, mentre i grandi supermercati potevano restare aperti? Ha senso una volta che ti rendi conto che tutto era pianificato fin dall'inizio. Nei miei post sui social media nel 2018, ho scritto che il piano era sempre quello di rimuovere le piccole imprese dall'economia e far sì che le aziende dominassero ogni settore.

Nel frattempo, per evitare di perdere tutto ciò che possedevano, i piccoli imprenditori furono costretti a farsi carico *'soldi GRATIS'* nella forma di *"riprendere i prestiti"*. Andiamo avanti di tre anni e quasi tutte le aziende sono ora cariche di debiti, ognuna delle quali ha bisogno di aiuto per permettersi i rimborsi. In alcuni casi, i tassi di interesse su quel debito sono vicini a quelli di una carta di credito. Molte aziende hanno già cessato l'attività; ogni giorno vedo storie di altre insolvenze, aziende che operano da decenni, nomi familiari e piccole imprese locali della mia zona, tutte insolventi.

Ogni azienda con cui parlo ha bisogno di aiuto per ripagare il debito. Man mano che l'economia entra in recessione, questa spirale discendente accelererà. Mentre scrivo questo, nel marzo 2024, prevedo che entro il 2026, tra soli due anni, la maggior parte delle piccole imprese non esisterà più nelle economie occidentali.

Molte persone credono che il sistema monetario sia stato creato come una forma di scambio di valore. Era un modo per scambiare un'ora del proprio tempo con una pagnotta di pane. Questo scopo è secondario. Il denaro trasporta una vibrazione energetica; rappresenta *'fluire'*, Come l'acqua. Noi lo chiamiamo *valuta*, come se l'acqua avesse una corrente che porterà un bastone a valle. Il problema è che il sistema monetario è stato preso di mira da un piccolo gruppo di personaggi malvagi in questa commedia che chiamiamo vita.

Lo scopo principale del denaro oggi, piuttosto che essere semplicemente uno scambio di valore, è quello di controllare la popolazione di massa. Mantiene le persone nel regno della ricerca della sopravvivenza. Il valore che il sistema attualmente premia è tutto ciò che distoglie le persone dalla loro vera essenza o dal loro percorso, sia tenendole distratte sia alimentandole con così tanta spazzatura da non riuscire a concentrarsi su ciò che le avvantaggia.

Lo scambio di valore è ottimo su base giornaliera per l'acquisto di una pagnotta o di un litro di latte; questi sono bisogni fondamentali di sopravvivenza, ma cosa succede quando abbiamo bisogno di qualcosa di più della semplice sopravvivenza?

Anche il desiderio di fare una vacanza è limitato dalla quantità di soldi che abbiamo. Vuoi imparare una nuova materia? Ottieni una qualifica? Migliorare la tua posizione nella vita? Compra una casa? Accettare un progetto imprenditoriale? È tutto limitato dalla tua percezione di avere accesso al denaro necessario per tali attività. Ma chi controlla il tuo accesso al contante? Sono i controllori del sistema che ti tengono schiavo. Sono le stesse persone che hanno creato l'attuale versione del sistema monetario.

La cosa peggiore è che le banche centrali hanno creato tutto quel debito dal nulla. Quel denaro non è mai esistito in forma fisica. L'attuale offerta di moneta non è supportata da nulla di fisico come i metalli preziosi, come avveniva una volta, perché il debito viene creato letteralmente dal nulla.
Sono solo le cifre sullo schermo che continuano ad aumentare quando qualcuno prende in prestito più soldi. Se i fondi fossero garantiti da lingotti d'oro fisici, un lingotto d'oro per, diciamo, £ 1.000,

sarebbe impossibile per loro creare magicamente debito dal nulla, poiché non ci sarebbe oro a sostenerlo. Se voglio prestarti £ 10.000, andrò al mio caveau, rimuoverò i dieci lingotti d'oro e poi te li passerò. Se non avessi quei dieci lingotti d'oro, non potrei averli *'prestare'* quei soldi.

Lo stesso principio vale per gli interessi. L'interesse è un numero immaginario aggiunto al tuo debito e creato dal nulla. Per ripagarmi quell'interesse aggiuntivo, dovresti creare anche nuovi lingotti d'oro da qualche parte, così potrei poi aggiungerli di nuovo al mio caveau, pronti per prestarli di nuovo. Supponiamo che ci sia una fornitura limitata di oro nel sistema perché è direttamente correlata alla quantità di valuta circolante. In tal caso, è impossibile crearne di più con la magia. Questo è il motivo per cui l'offerta di moneta è stata rimossa dal gold standard, per usarla contro la gente.

Sistema alimentare

L'anno scorso, dopo essere andato al supermercato, ho trovato nella borsa della spesa una mela gravemente ammaccata. Invece di mangiarlo io stesso, lo buttai in giardino perché lo mangiassero gli uccelli. La mela è rimasta esattamente come l'avevo buttata via tre mesi dopo. Gli uccelli non l'avevano toccato ed era ancora rosso come il giorno in cui l'avevo buttato via. Gli animali sanno cosa è sano e cosa no; potevano vedere che qualcosa non andava con questa mela. Cosa stiamo mettendo esattamente nel nostro corpo se ciò significa che non si decompone naturalmente?

Entra nei supermercati tradizionali; Il 95% di ciò che vendono è tossico e velenoso per il nostro corpo. Non sto parlando del tipico cibo spazzatura; è ovvio. Sto parlando di quegli alimenti che ritieni siano salutari per te. Sto parlando della frutta e della verdura spruzzate con ogni tipo di sostanza chimica. Capiremo perché ce lo dicono *"mangiare i nostri cinque al giorno"* Dopo. Naturalmente, tutto questo viene fatto per prolungare la durata di conservazione, il che, in definitiva, significa che i supermercati possono aumentare i loro profitti.

Nel frattempo, gli agricoltori che producono cibo per sfamare la popolazione lottano per sopravvivere. A volte vengono pagati solo l'1% del prezzo al dettaglio effettivo del prodotto. Potresti chiederti come un agricoltore possa nutrire 1.000 mucche da latte quando vengono pagate solo pochi centesimi per ogni litro di latte prodotto. Il fatto è che non possono. Ogni anno gli agricoltori perdono denaro. Molti hanno già venduto le proprie aziende agricole o diversificato in altre aree per utilizzare meglio la propria terra e le proprie risorse. Alcuni sono passati alla vendita diretta alla comunità locale, ma si tratta di una piccola frazione; incide a malapena sull'offerta alimentare complessiva della comunità, poiché la maggior parte delle persone continua a sostenere questi parassiti aziendali, invece di aiutare direttamente i produttori di cibo.

Molte persone acquistano cibo in scatola, come tonno e fagioli al forno. Il cibo in scatola è destinato a durare il più a lungo possibile, quindi viene racchiuso in barattoli ermetici e riempito con additivi per prolungarne la durata di conservazione.

Il problema con il cibo in scatola, a parte tutti gli additivi, è che rimuove i metalli dalla lattina, il che significa che quando mangi quella scatola di fagioli al forno, stai anche ingerendo quei metalli che il tuo corpo non riesce a digerire.

Gli alimenti trasformati costituiscono gran parte degli scaffali dei supermercati. Anche cose come i bastoncini di granchio, che potresti credere siano carne di granchio, sono state lavorate con l'aggiunta di ogni sorta di spazzatura. Guarda gli ingredienti della maggior parte degli alimenti in questa categoria, anche cose come il pollo, e troverai tutti i tipi di riempitivi e altri rifiuti tossici aggiunti. Questi *"riempitivi"* vengono aggiunti *'ingrossarsi'* il prodotto, facendolo sembrare più grande e pesare di più. Questi sono agenti riempitivi, glutine, soia e gomma xantana, tra gli altri. Ingredienti che la maggior parte di noi non riesce nemmeno a pronunciare. Questi sono prodotti di scarto che molte persone non riescono a digerire; l'unico scopo è generare maggiori profitti per i supermercati indipendentemente dalle conseguenze sulla salute delle persone che li mangiano.

Ne ho preso un pacchetto *'rifili di tacchino'* qualche settimana fa mentre ero in negozio. Questo prodotto è stato presentato come pezzi di ritagli di tacchino. Guardando gli ingredienti, solo il 60% del prodotto era tacchino. Il resto comprendeva questi riempitivi e altri additivi innaturali che non dovrebbero essere presenti. Uno dei riempitivi aggiunti era la soia. Ora, avrei potuto inconsapevolmente mangiare questo prodotto aspettandomi che fosse al 100% di tacchino, per poi subire enormi ripercussioni sulla salute poiché sono allergico alla soia. La soia non è una fonte alimentare naturale; è una fonte di cibo artificiale creata per nutrire il bestiame, ingrassandolo, pronto per la macellazione. Allora perché ora lo stiamo dando da mangiare anche a noi... Forse hanno intenzione di massacrare anche noi?

Un'altra cosa che ho notato negli ultimi dodici mesi è la crescente quantità di prodotti contenenti destrosio. Il destrosio è un prodotto che agisce come lo zucchero. Ho saputo dell'esistenza del destrosio per la prima volta quando a un membro della mia famiglia è stato diagnosticato il diabete di tipo 1. Il destrosio è un sostituto dello zucchero ad azione rapida utilizzato dalle persone con diabete per aumentare rapidamente i livelli di zucchero nel sangue quando sono pericolosamente bassi. È dolce come lo zucchero ma agisce molto più velocemente per aumentare i livelli di zucchero nel sangue. Quindi ora lo capisci: perché lo stanno inserendo nei nostri cibi? Pensi che ci sia qualche collegamento tra il crescente numero di persone che hanno il diabete negli ultimi dieci anni?

Mangiare cibi contenenti destrosio aumenterà il livello di zucchero nel sangue ogni volta che mangi. Ciò ha un impatto sul pancreas, creando più insulina, che alla fine sarà sottoposta a uno sforzo tale da smettere di funzionare correttamente. A questo punto, dovrai fare affidamento sui farmaci per tenerlo sotto controllo. Se in seguito avrai figli, la debolezza del tuo pancreas verrà trasmessa geneticamente alla tua prole, che diventeranno malati di tipo uno.

Ti rendi conto che i dolcificanti artificiali e non calorici come l'aspartame, il sucralosio e la saccarina fanno ingrassare? Ironia della sorte, la maggior parte delle persone che consumano questi dolcificanti, o *'alimenti dietetici'*, prendili perché vogliono il gusto dolce senza calorie da zucchero. Oltre a creare tutti i tipi di problemi di salute come l'emicrania, i dolcificanti fanno sì che il tuo corpo brami lo zucchero, quindi consumi più zucchero da altri luoghi di quello da cui inizialmente avevi cercato di salvarti.

Fornitura d'acqua

Supponiamo di prelevare un campione chimico di acqua da una famiglia in un'economia occidentale.

In tal caso, troverai grandi quantità di fluoro, cloro e altri prodotti chimici nell'acqua. Ci è stato detto che queste sostanze chimiche vengono utilizzate per uccidere i parassiti nell'acqua. Tuttavia, esistono modi migliori, più efficienti ed economici per uccidere qualsiasi parassita presente nell'acqua che non comporti l'avvelenamento della popolazione del tuo paese.

Dovremmo porre domande più profonde a coloro di cui ci fidiamo per fornire la nostra fornitura d'acqua. Vale la pena considerare se queste sostanze chimiche ci causano problemi di salute?

Sistema sanitario

A cosa stai pensando se stai seguendo una dieta dimagrante e bevi frullati proteici?!! Le proteine aggiungono muscoli. Il muscolo è più pesante del grasso. Se non fai attività fisica e non bruci quelle proteine in più, diventerai più grassa. Se desideri perdere peso, non mangiare grandi quantità di proteine. Se guardi qualcuno che segue un programma di dieta, inizialmente potrebbe perdere peso, ma dopo aver interrotto il piano, aggiunge sempre più peso di quello perso durante il piano. Smetti di ascoltare i campanelli d'allarme che creano queste tendenze dietetiche alla moda; hanno un obiettivo in mente: mantenerti grasso, così continuerai a comprare le loro schifezze e ad ascoltare le loro stronzate.

Se sei un fan delle vitamine e degli integratori, temo di avere ancora altre brutte notizie per te. Dai un'occhiata agli ingredienti negli integratori o nelle vitamine. Se menziona un ingrediente come *'stearato di magnesio'*, questo viene utilizzato come quello che potresti chiamare a *'involucro'*, che tiene tutto insieme. Il problema con questo ingrediente è che impedisce al tuo corpo di assorbire le vitamine, quindi nuotano intorno al tuo corpo senza mai essere assorbite. E poi ci chiediamo perché le persone si ammalano di tutti i tipi di malattie come il cancro.

Ma questo ci porta alla ragione, oltre al profitto, per cui le cose stanno così: l'industria farmaceutica o, più in generale, il sistema medico.

Milioni di persone sono impiegate nel *"industria del cancro"*- servizi di ricerca, trattamento o assistenza post-terapia. Immaginate quanti soldi guadagnano le aziende e i loro azionisti in questa lotta. Ora, immagina che uno di questi tecnici di laboratorio si sia imbattuto accidentalmente in una cura immediata per il cancro. Quante persone e imprese rimarrebbero disoccupate entro pochi mesi dalla scoperta di questa cura? Prendi una compressa e non ti verrà mai più il cancro. Se fossi fortunato a trovare la cura, potresti essere motivato a nasconderla. Non è vero? Altrimenti voi siete dirigenti dell'organizzazione, responsabili della generazione di massicci rendimenti per gli azionisti. Hai una famiglia da mantenere e una nuova casa da pagare; che ne dici di quello stile di vita a cui ti sei abituato? Inoltre, hai passato tutta la vita a lavorare su questo; che lavoro faresti dopo? Hai almeno le competenze per ottenere un nuovo lavoro? Ti piacerebbe mostrare questa scoperta e diventare disoccupato il mese prossimo? Potrebbe essere meglio semplicemente seppellirlo.

Si potrebbe dire che alcune parti del settore sono più motivate a "far crescere" effettivamente i casi di cancro, come questo *'garanzie'* che puoi mantenere quello stile di vita; potresti anche ottenere un aumento di stipendio. Ma come potresti aumentare i casi?

Un modo è quello di nutrire le persone con alimenti trasformati e dirglielo *"mangia i tuoi cinque al giorno"*, consumare frutta e verdura piene di ogni sorta di sostanze chimiche tossiche. Oppure potresti dargli delle compresse per l'IBS o il reflusso acido, che, nel tempo, creano ulteriori complicazioni. L'idea sembra ancora incredibile?

Potresti dire che tutto sembra un po' *'teoria di cospirazione'* finché non vedi le prove che ciò sta accadendo. Alcuni anni fa, Johnson & Johnson è stata giudicata colpevole di aver messo amianto e arsenico nel borotalco per bambini. Che idea nuova, un'azienda farmaceutica che inserisce un ingrediente dannoso in un prodotto e, peggio ancora, lo fa ai clienti nella fase più precoce e più debole dello sviluppo del loro sistema immunitario; quei bambini crescono soffrendo di tutti i tipi di problemi di salute. Dalle allergie fino al cancro, garantendo così la futura domanda di farmaci da parte della stessa industria che ha creato il problema. A queste organizzazioni non importa se vengono multate di miliardi di dollari per questo, perché hanno quei clienti *'infetto'* con il loro veleno valgono molti trilioni nel corso della loro vita come clienti dell'industria. Qualche miliardo di dollari di multe sono spiccioli nel grande progetto. È come dar loro una pacca sul polso e chiamarli ragazzi e ragazze cattivi.

Il sistema medico tradizionale (allopatico) non è addestrato a trovare la causa principale dei sintomi di salute. È addestrato a diagnosticare il sintomo, poi prescrive un farmaco che sopprime quel sintomo, facendoti credere di essere guarito, mentre, in realtà, la vera causa del problema esiste ancora, manifestando lentamente qualcosa di molto più grande. Mentre elimina un sintomo, pochi mesi dopo compaiono nuovi sintomi, magari sotto forma di dolori e dolori o raffreddore in qualche altra parte del corpo. Quando le persone hanno la tosse, il raffreddore o anche l'influenza, questo è solo il metodo naturale del tuo corpo per liberarsi delle tossine che hai ingerito. Prendendo tutti questi farmaci, le persone sopprimono il raffreddore e impediscono al loro corpo di soffrirne *'buttare la spazzatura'*.

Cosa accadrebbe se non buttassi mai la spazzatura in casa, ma la lasciassi semplicemente accumulare? Alla fine attirerebbe i roditori e avresti molti nuovi problemi. Perché dovrebbe essere diverso con il tuo corpo?

Questa soppressione dei sintomi porta alla situazione in cui si trova la maggior parte delle persone sopra i 40 anni. Prendono così tanti farmaci che probabilmente puoi sentirli tintinnare mentre camminano per la strada. La maggior parte di questi farmaci diventano prescrizioni a lungo termine, con il medico che non rivaluta mai il paziente e lo rimuove dal farmaco. Continuano a prescrivere il farmaco per il resto della vita del paziente. C'è una buona ragione per cui ciò accade, come vedremo in seguito.

Nel 2018 ho partecipato a un seminario di business a Londra, dove ho incontrato un uomo di nome Simon. Ho parlato con Simon, che mi ha detto di possedere una serie di medici del servizio sanitario nazionale e di aziende di chirurgia dentale. Mi ha detto che stava cercando altre di queste attività da acquistare; Credo che all'epoca avesse sette allenamenti. Non sto parlando di possedere gli edifici fisici; Sto parlando dell'attività operativa vera e propria.

Fino ad allora, credevo che tutti gli ambulatori del servizio sanitario nazionale fossero di proprietà e gestiti dal governo. Questo non è il caso; sono di proprietà e gestiti privatamente, generalmente dai medici che vi lavorano, e quindi ci troviamo di fronte a un dilemma quando sappiamo come questi *"imprese"* essere pagato.

I medici vengono pagati dalle aziende farmaceutiche ogni volta che prescrivono un farmaco di quella azienda. Sono venditori non ufficiali. C'è un evidente conflitto di interessi. Ciò non è di buon auspicio per qualcuno di cui ci fidiamo affinché lavori nel nostro migliore interesse. Né motiva l'individuo a trovare la causa principale dei nostri problemi, poiché ciò eliminerebbe qualsiasi futuro *'reddito'* da parte del cliente per questi spacciatori di droga.

Ma non abbiamo ancora finito. Sopportami. Se sei un alieno in visita su questo pianeta, leggendo questo, probabilmente penserai, *'Wow, che posto pazzesco. Perché le persone dovrebbero fidarsi incondizionatamente di questi parassiti per prendersi cura della propria salute per loro??'*

Se guardiamo nel reparto salute e igiene del supermercato, vediamo prodotti pieni di sostanze chimiche e dannosi per il nostro corpo. La maggior parte delle persone non se ne rende conto, ma guarda gli ingredienti presenti in cose come dentifricio, sapone, shampoo e trucco. La lozione abbronzante, ad esempio, contiene in realtà particelle metalliche che attirano il calore del sole.

 Se indossare un fattore 50 è ciò che ci salva dal cancro della pelle, allora perché non sono tutti già morti nel caldo e soleggiato mondo in via di sviluppo? Non indossano il fattore 50. L'acquisto di questa roba costerebbe più di quanto guadagnano in salario. Ma dove si trova il momento peggiore dell'epidemia di cancro alla pelle? Sono i paesi occidentali che si ricoprono di questo veleno tossico. La pelle è l'organo più grande del corpo;

ogni volta che usiamo questi veleni e pozioni, vengono assorbiti dalla nostra pelle e nel nostro flusso sanguigno.

Consideriamo brevemente tutto ciò che metti sulla tua pelle da queste aziende tradizionali, comprese creme idratanti, trucco e anche quelle *'naturale'* prodotti. Ancora una volta, per favore guarda gli ingredienti, ma invece di cercare e farti ingannare da parole che non puoi pronunciare, guarda cosa fanno quegli ingredienti al tuo corpo. E se te li dicessi? *"riduzione dell'età"* le creme fanno invecchiare la pelle più velocemente? Come può essere così? Uno dei motivi è che i prodotti contengono ingredienti a base di petrolio o paraffina.

Ti sembrerebbe normale strofinarti tutto il corpo con il gasolio? Certo che no, ma fai così ogni volta che li strofini *'cura della pelle'* prodotti su tutto il corpo. È lo stesso prodotto principale. Questi ingredienti seccano la pelle, rafforzando la tua necessità di acquistare il prodotto che ritieni possa risolvere il problema, bloccandoti in questo ciclo di acquisto di più della stessa cosa che ti causa il problema.

Alcuni anni fa, ci fu un massiccio movimento contro i prodotti per il trucco testati sugli animali. Tuttavia, nessuno sembrava chiedersi se il prodotto lo fosse *'naturale'* e fa bene alla pelle, perché è stato necessario testarlo sugli animali? In effetti, lì abbiamo mancato un grosso campanello d'allarme. Avremmo dovuto chiedere quali sostanze chimiche stavano inserendo in questi prodotti quando abbiamo assistito al danno subito da questi poveri animali.

Tecnologia

L'intenzione è sempre stata quella di creare dipendenza *'dispositivi personali e tecnologia'*. I controllori del sistema mirano a connettere il corpo e il cervello di ognuno a una vasta rete di computer. Questo ti verrà venduto come una soluzione per renderci più intelligenti: immagina di avere tutte le informazioni del mondo come un'estensione del tuo cervello. A prima vista sembra interessante, ma dobbiamo ancora considerare i suoi svantaggi.

Immagina quanto sia facile per qualcuno hackerare il tuo computer di casa. Ora immagina quanto sia facile per qualcuno hackerare quel gigante *"cervello connesso"*. Un hacker potrebbe controllare un'intera popolazione con un semplice clic, creando un esercito se lo desiderasse. Se dovessimo avere computer al posto del cervello, li avremmo già integrati quando usciremo dal grembo materno. Queste persone stanno spingendo questa tecnologia perché un cervello connesso può essere facilmente controllato o spento. Possono terminare il nostro programma se lo desiderano.

La transizione dallo stadio iniziale del telefono cellulare a questo cervello connesso a tutti gli effetti è lenta. È volutamente lento, quindi non notiamo la transizione e iniziamo a mettere in discussione l'intenzione.

Il primo passo è stato creare un computer portatile: il moderno smartphone. Diventiamo dipendenti da questo per ogni cosa nella nostra vita quotidiana; abbiamo le nostre informazioni lavorative su di esso, le nostre banche e finanze su di esso, e la nostra vita è diventata dipendente da esso, a tal punto che se è fuori posto, abbiamo un attacco di panico.

La fase successiva di questa transizione è *"tecnologia indossabile"*. Questa "tecnologia intelligente" si sposta dalle nostre mani per essere fissata ai nostri corpi. La tecnologia intelligente include auricolari, orologi intelligenti e altro *'salute'* dispositivi di monitoraggio. Comprende anche gli occhiali recentemente rilasciati. Nota come tutti questi dispositivi sono collegati alla rete centrale di Internet. Ora siamo solo ad un passo dal connettere il nostro cervello alla rete.

Se guardi il cosiddetto *"eroi"* come Elon Musk, ha collegato un cervello umano a un computer con la sua attività, Neuro-link. Possiede anche una vasta rete satellitare globale chiamata Star-Link, che, quando il cervello è connesso, garantirà che tutti rimangano connessi a Internet, indipendentemente da dove si trovino. È il controllo completo della razza umana.

Ora devo esprimere enorme preoccupazione. Questa tecnologia indossabile va ben oltre i semplici dispositivi intelligenti sopra menzionati. Questi sono per il mainstream, ma altro *'dispositivi'* sono già disponibili e fanno affidamento in diversi settori dell'economia. L'industria dei dispositivi medici crea tecnologia indossabile, che si tratti di monitor per il diabete, pompe per insulina o protesi di arti. So che è difficile se li usi già, ma fai attenzione a ciò da cui diventi dipendente. Con questa tecnologia, dobbiamo tornare alle origini anziché avvicinarci a una soluzione cerebrale connessa.

Prendiamo ad esempio le pompe per insulina; questi sono già connessi a Internet tramite smartphone. Se il controllore lo volesse, potrebbe accedere a quel dispositivo mentre dormi e modificare la quantità di insulina che ti dà. Sembra inverosimile dirlo adesso, ma la prossima evoluzione di questi dispositivi consentirà loro di farlo più facilmente che mai. È un modo semplice per i controller di sistema di mantenerti dipendente da loro.

Quando sei dipendente, sei anche compiacente. A quel punto non si può tornare indietro.

Beneficenza

Gli enti di beneficenza vengono gestiti a beneficio di coloro che li creano o li gestiscono. Non posso raggruppare tutti gli enti di beneficenza in questa categoria poiché devo ancora ricercarli tutti. Tuttavia, esaminando gli enti di beneficenza più significativi e conosciuti, farò alcune dichiarazioni generali basate su quelle che sembrano essere azioni quotidiane di molti di loro.

C'è molto che posso dire sul settore della beneficenza. Tuttavia, fino a quando la notizia non sarà condivisa pubblicamente, attirerà solo casi di diffamazione da parte di grandi donatori e benefattori mentre si affrettano per evitare che l'informazione diventi di dominio pubblico. Quindi, fino ad allora, posso solo condividere ciò che è già di pubblico dominio, anche se per certi aspetti nascosto.

Sapevi che da almeno un decennio è in corso una truffa negli enti di beneficenza? Ne ho sentito parlare per la prima volta nel 2013 e sono sicuro che non fosse niente di nuovo allora. Un individuo o un'azienda dona denaro in beneficenza. L'ente di beneficenza poi rimborserà loro il 90% di quella donazione come reddito o dando un contratto falso alla società donatrice. Mentre l'ente di beneficenza trattiene il 10% della donazione (più il 25% di donazioni richieste al governo), il 90% restituito al donatore viene classificato nei conti finanziari dell'ente di beneficenza come *"costo per raccogliere fondi"*. Donando, il donatore può richiederlo come spesa deducibile dalle tasse, il che significa che pagherà molte meno tasse sui propri redditi e profitti. Ma poi guadagnano anche un reddito extra l'anno successivo, poiché la donazione viene loro restituita... e non abbiamo ancora iniziato con i ragazzi più grandi.

Un noto ente di beneficenza globale, porta il nome di *'Oxfam',* potresti averne sentito parlare. Negli ultimi dieci anni, ha dovuto affrontare numerose accuse contro i dirigenti per non aver indagato sulle denunce secondo cui il suo personale stuprava bambini nei paesi in via di sviluppo. In un altro caso, i dirigenti senior avevano visitato un paese in via di sviluppo e per diverse settimane avevano trafficato ragazze, le avevano tenute prigioniere durante il loro viaggio nel paese e avevano fatto sesso con loro. Questo ente di beneficenza si presenta contro il traffico di bambini e la schiavitù sessuale.

Esistono alcuni enti di beneficenza più piccoli con intenzioni pure, gestiti da persone buone e oneste che lavorano instancabilmente e volontariamente senza retribuzione.

Sfortunatamente, le azioni dei corrotti e gli intenti malvagi dei noti marchi di beneficenza ne offuscheranno l'immagine *'beneficenza'* nel complesso, quindi anche questi enti di beneficenza più piccoli e ben intenzionati ne soffriranno.

Sistema abitativo

L'ultima cosa su cui desidero far luce è il modo in cui viviamo in questo mondo, in particolare in questi luoghi che chiamiamo le nostre case. Hai mai notato che quando viaggi in un luogo particolare, provi un certo sentimento al riguardo? Sono sensibile a questo, quindi posso sentire subito com'è un posto.

Il motivo per cui abbiamo un alto tasso di criminalità e violenza nelle aree densamente popolate di una città è perché qualsiasi emozione o energia negativa viene amplificata. Supponiamo che tu sia mai entrato in una stanza dopo una discussione e abbia sentito un'atmosfera nella stanza, o sia entrato in un luogo in cui tutte le persone nella stanza piangessero. In tal caso, percepisci una sensazione di tristezza dalla stanza. Se restassi in quel posto, inizieresti a sentire quelle emozioni come se fossero le tue.

Se una persona è arrabbiata in un condominio, anche il resto degli appartamenti intorno a lei iniziano a sentirsi arrabbiati, nonostante non sappiano perché si sentono in questo modo. Lo stesso vale per le aree dense di una città. L'altro motivo per cui queste aree generano un'elevata criminalità e violenza è simile a quando si ingabbia un leone in uno spazio piccolo; diventa frustrato e arrabbiato. Come il leone, non dovresti essere rinchiuso in questo piccolo spazio che chiamiamo casa.

Siamo destinati a vivere in pianure aperte nella natura, non in giungle di cemento strettamente compattate senza spazio per respirare. Gli esseri umani non sono progettati per vivere in questa piccola scatola di cemento, quindi questa frustrazione aumenta e influisce sul modo in cui pensi e agisci. Supponiamo che le tue finestre guardino verso il paesaggio aperto, verso la natura. In tal caso, la tua mentalità sarà molto diversa rispetto a quando vedessi la sporca giungla di cemento.

Il nostro ambiente determina il modo in cui pensiamo e agiamo. Aree di edilizia sociale densamente popolata sono state appositamente progettate tenendo presente questo aspetto. I "controllori" del sistema non vogliono che tu diventi un essere illuminato perché altrimenti ti renderesti conto che non hai bisogno di loro per sopravvivere in questo mondo. Invece, ti mantengono nella modalità di sopravvivenza lotta o fuga.

È interessante notare che questo sviluppo di massa del cosiddetto *"Piccole case'* si è verificato negli ultimi due anni. Non capiscono che non dobbiamo essere confinati in spazi piccoli come questi? Oppure stanno semplicemente traendo profitto dalla società, indipendentemente dalle conseguenze sulla salute di chi li acquista?

UN *"Piccola casa"* è, in alcuni casi, inferiore alle dimensioni di un container da 20 piedi. Mi chiedo se i creatori scelgano di vivere loro stessi in un container o se preferiscano una bella casa padronale in campagna. Cosa è diventato il nostro mondo quando ci preoccupiamo più del profitto che di fornire qualcosa di valore al cliente?

Vai da qualsiasi promotore immobiliare aziendale e paga £ 500.000 per vivere in una piccola scatola con un giardino di fiammiferi, e sovrastata da altre cinque piccole scatole attorno, progettate per spremere quante più piccole scatole possibile nello spazio per aumentare i profitti. Ti sembra qualcosa per cui ti indebiterai per tutta la vita? Questo è ciò a cui aspira la maggior parte delle persone nella società occidentale.

Quando consideriamo la costruzione delle nostre case e degli spazi di lavoro, i materiali utilizzati nella costruzione e nell'arredamento di questi edifici sono tossici e velenosi per la nostra salute. Molti dei metodi di costruzione del mondo moderno creano muffa e umidità e altre condizioni come la sindrome SAD (disturbo affettivo stagionale). La vernice sui muri contiene COV (Composti Organici Volatili), che ci avvelenano. La formaldeide è presente in quasi tutti i materiali da costruzione, oltre che nei nostri arredi e nei rivestimenti per pavimenti. Le nostre case e i nostri spazi di lavoro ci avvelenano ogni singolo giorno.

Considera anche gli effetti delle reti Wi-Fi sul nostro corpo; Il Wi-Fi emette frequenze elettromagnetiche nelle nostre case, interrompendo il funzionamento dei nostri organi interni. Ma non è la cosa peggiore.

 Ogni volta che vivi in un edificio che è stato scavato nella roccia, ad esempio scavando un seminterrato nel terreno o rivestendo l'edificio in pietra, la roccia emette radon nell'edificio e provoca il cancro. Quando si vive vicino ai tralicci dell'elettricità, il radon diventa molto appiccicoso, accelerando l'insorgenza di tumori cancerosi nel nostro corpo. Queste informazioni sono note al grande pubblico da oltre trent'anni, ma il mondo ha continuato a costruire utilizzando questo metodo. Questi edifici dovrebbero essere demoliti.

L'agenda del cambiamento climatico

Negli ultimi quattro anni sono stato censurato e bannato sui social media, al punto che probabilmente non hai letto nessuno dei miei post o guardato nessuno dei miei video. Per coloro che l'hanno fatto, potresti aver creduto che io ne fossi qualcuno *'negazionista del cambiamento climatico'*. Questo non è vero. Devo ancora studiare i dati, ma so che è facile per qualcuno manipolarli per fornire la risposta esatta che vuoi che le persone vedano.

Esiste anche un bias di conferma, per cui il nostro cervello troverà sempre prove a sostegno delle nostre convinzioni su un particolare argomento, quindi se abbiamo subito il lavaggio del cervello da parte dei media, dei film e di altre campagne di pubbliche relazioni per avere determinate convinzioni su un argomento, il nostro cervello cercherà prove per confermare tale convinzione.

Quello che non mi piace della narrativa sul cambiamento climatico è il modo in cui un gruppo di burocrati mi dice che devo vivere in un certo modo, devo pagare un sacco di tasse extra nascoste e prelievi sul carbonio, e questi parassiti ladri volano in Svizzera per un *"vertice sul cambiamento climatico"*, ciascuno con i propri jet ed elicotteri privati, pagati dai contribuenti. A Davos, in Svizzera, ogni anno per alcune settimane, ci sono oltre 300 jet parcheggiati in un aeroporto, che trasportano burocrati che ci mentono e ci istruiscono *'gente normale'* che dobbiamo ridurre la nostra impronta di carbonio. L'ironia è irreale.

Nel frattempo, questi burocrati ricevono ricchezze indicibili da quei grassi aziende, che traggono vantaggio quando le persone si conformano alle ultime "misure di riduzione del carbonio". Sto parlando del tipo di azienda che può aumentare i propri prezzi, utilizzando *"tasse sul carbonio"*.' come scusa. Questi produttori aziendali creano tecnologie energetiche, come pannelli solari, pacchi batterie e veicoli elettrici, mentre le sfoggiano in questa campagna di pubbliche relazioni chiamata *'sostenibilità'*.

Non si preoccupano della sostenibilità; si tratta di riempire le loro tasche con i tuoi soldi. È una grande truffa fiscale.

La razza umana è nei guai se non cambia i suoi comportamenti? SÌ. Guarda i vasti crateri che si creano sulla terra per estrarre alcuni metalli preziosi, il tutto per soddisfare l'avidità di un piccolo gruppo di persone. Chi trae vantaggio dall'estrazione di questi metalli rari e preziosi?

Sapevi che probabilmente al mondo ci sono più diamanti che barrette di cioccolato? Solo che non li vedi perché i proprietari delle miniere di diamanti, come la famiglia Oppenheimer, trattengono tutti i diamanti nei depositi per evitare che inondino il mercato. Sono rari quanto un granello di sabbia.

Ma mentre la gente continua a pagare cifre esorbitanti per queste cose, queste famiglie regnanti continueranno a scavare la terra, lasciando dietro di sé questi vasti crateri. Ti consiglio di guardare un film intitolato *'Diamante di sangue'*. Potrebbe farti cambiare idea sull'industria dei diamanti. Il colore della pietra potrebbe cambiare, ma rimane lo stesso. È tutto a beneficio di alcuni parassiti avidi. Stai già iniziando a notare un tema?

Tanto *'greenwashing'*, *'carbon washing'*, o *'lavaggio sostenibile'* viene sbandierato. Tuttavia, la maggior parte è solo una scusa per venderti di più, aumentare i prezzi o fingere che alcuni siano migliori di altri, con tutti i loro segnali di virtù. Venderti più cose di cui non avresti mai avuto bisogno *'salva il pianeta'*. È lo stesso playbook con una copertina diversa.

Chiedi alla maggior parte delle persone che li spingono *'sostenibilità'* narrazioni su cosa significhi sostenibilità e non conosceranno la vera risposta.

Probabilmente diranno che si tratta di ridurre le emissioni di carbonio o qualche altra stronzata del genere. Un processo, o sistema, sostenibile crea più di quanto consuma senza sminuire gli altri sistemi.

Governo

Fino a pochi anni fa, la maggior parte delle persone credeva che solo i paesi in via di sviluppo dell'Africa avessero governi corrotti. Negli ultimi anni abbiamo anche visto quanto siano corrotti i nostri governi occidentali. Premiano *'favori speciali*' ai loro amici e creare *'licenza'* programmi in modo che le loro famiglie possano rivendicare milioni *'soldi GRATIS'*.

Hanno premiato *'corsia veloce*contratti del valore di centinaia di milioni ai loro pari alla Camera dei Lord. Abbiamo visto gli esperti del governo andare in diretta TV minacciando le vaccinazioni forzate, cosa che, ovviamente, ha avvantaggiato i loro compagni parassiti nell'industria farmaceutica. Spero che queste persone si godano la loro confortevole cella di prigione, quando si renderanno conto di quanto sono stati fregati. Ne è valsa la pena?

Chiunque creda ancora di aver bisogno che qualcun altro prenda decisioni per suo conto dovrebbe fare attenzione a chi affidare questa responsabilità. Qualcun altro potrebbe pagarli profumatamente per prendere decisioni che non soddisfano i tuoi migliori interessi.

Il tuo politico locale, Jimmy, l'ex droghiere della tua strada principale, non avrà mai la minima speranza di trovarsi all'interno di quella cerchia ristretta che controlla le azioni del partito politico. È tutto progettato in questo modo. Non è possibile risolvere il problema votando per una cravatta di colore diverso. Sono solo due facce della stessa medaglia. Per coloro che credono di poter rappresentare un locale anonimo *"partito della libertà"*, chiediti se puoi fare la differenza e sperare di formare un governo.

In primo luogo, nel Regno Unito, è necessario avere 600 parlamentari locali in corsa nelle loro circoscrizioni elettorali locali, spendendo milioni per diffondere la propria storia politica al pubblico. Altrimenti la possibilità di formare un governo è prossima allo zero. In questo caso, vuoi cambiare il sistema o è un esercizio per aumentare la tua visibilità? Quando voti per Jimmy, voti per mantenere in gioco i parassiti corrotti.

In latino, 'Governo' significa «Controlla la mente'. Viviamo in un mondo in cui il governo controlla le nostre menti, presentandoci tutti i tipi di percezioni su come stanno le cose in modo da poterci controllare. Un voto per qualsiasi governo è un voto PER il governo. Qualsiasi forma di governo tradizionale non è nel migliore interesse della gente.

Formazione scolastica

Un sistema in cui mandiamo i nostri figli nei campi di prigionia per vent'anni in modo che possano imparare come essere schiavi e robot compiacenti. Immagina un mondo in cui sediamo in classe a memorizzare sciocchezze irrilevanti a cui non penseremo mai più o di cui non avremo mai più bisogno.

L'attuale sistema educativo è così lontano dal mondo reale che è insondabile come abbiamo mai accettato che fosse giusto insegnarci queste sciocchezze.

Dopo aver completato la prima parte della pena detentiva, che chiamiamo scuola superiore, ci offriamo volontari per una seconda pena, in cui accumuliamo enormi debiti mentre memorizziamo spazzatura più irrilevante che non useremo mai nel mondo reale. Cose stupide come fare riferimento correttamente a un saggio usando il file *"formato di riferimento approvato da Harvard"*. Hai mai sentito tante stronzate come queste prima?

Se sei un laureato, probabilmente non l'hai mai messo in dubbio. Bene, ora sono qui per metterlo in discussione per te e portarlo alla ribalta della tua coscienza in modo che anche tu possa chiederti perché.

Ora, cito questo esempio perché pur non frequentando l'università, nel 2007, ho iniziato un corso universitario a distanza. Dopo aver passato due mesi a studiare una materia ogni ora del mio tempo libero, la sera e nei fine settimana. Ho inviato le mie prime due valutazioni per la valutazione. Il docente li restituì immediatamente ed entrambi furono valutati come a *'fallire'*. Li aveva bocciati perché avevo bisogno di fare riferimento correttamente ai saggi nel formato approvato da Harvard. Vedi, al sistema non importava cosa avevo scritto in quei saggi; il docente mi ha detto che il contenuto era corretto, ma non aveva superato i saggi perché il sistema si preoccupa più che io lo rispetti che che sia corretto e basato sui fatti.

Dopo essere stato libero dal sistema scolastico per oltre dieci anni a questo punto, non avevo intenzione di tornare ad essere conforme, quindi ho detto loro di ficcarsi il corso nel culo.

Prendi mio nipote come altro esempio; proprio come me e molte altre persone, non è adatto al sistema accademico, un sistema in cui veniamo ricompensati per quanto siamo bravi a memorizzare e rigurgitare sciocchezze irrilevanti, e quindi il suo periodo al liceo è stato una lotta per quanto riguarda ottenere *'Bene'* gradi. In una delle sue lezioni di matematica si lamentò di non riuscire a capire come si fa. Per punire la sua mancanza di comprensione, lo hanno messo in detenzione. Naturalmente, questo non ha risolto il problema; ancora non capiva come farlo.

Il suo lavoro di esempio nella sua lezione di matematica era chiamato frazione invertita. Se sei come me e non ne hai mai visto uno prima, probabilmente ti chiederai a cosa diavolo servono queste cose nel mondo reale. Ho lasciato la scuola 30 anni fa e non ho mai visto una frazione invertita nel mio tempo trascorso a scuola; Non ne ho mai visto uno da quando ho lasciato la scuola, né ho mai incontrato alcuna opportunità nel mondo reale in cui avrei avuto la possibilità di usarne uno. Tutto quello che posso immaginare è che questa roba sia stata creata da a «*Imbecille da campana*' per farli sentire intelligenti. È un peccato che non abbiano dedicato la loro vita a creare qualcosa di utile.

C'è una ragione per cui il 99% delle persone di maggior successo ha lasciato la scuola senza qualifiche. È una correlazione diretta. È perché non riuscivano a comprendere l'inutile sistema di conformità, imparando cose che non avevano alcun collegamento con il mondo reale. Non sono diventati dipendenti da spazzatura irrilevante per poter funzionare nella vita reale. Hanno mantenuto la capacità di pensare con la propria testa.

La ragione

A livello spirituale, l'universo ha orchestrato alcuni eventi per mostrarci come questi sistemi non ci servono e per liberare l'umanità dalla sua esistenza e mentalità da cavernicolo.

Il sistema è stato in questo modo per secoli per mantenere le persone a operare a questo livello di sopravvivenza, mantenendole in modalità reattiva di lotta o fuga. Ciò li tiene intrappolati in un nefasto ciclo di debiti, incatenati a un lavoro che odiano, disconnessi dal loro scopo e vivendo in uno stato di depressione, mentre la loro anima brama qualcosa di più dalla loro esistenza, tutto per mantenere il bisogno del loro ego di aggrapparsi a questi. oggetti lucenti. A chi non lo sapesse, sembrano le folli divagazioni di un pazzo. Tuttavia, se stai leggendo questo libro, la tua anima risuona con esso a un certo livello.

Dalla nascita, siamo sottoposti a un flusso costante di lavaggio del cervello, che ci dice noi *'Bisogno'* questo o quello oggetto per farci sentire sexy, di successo, belli, desiderati, parte della tribù, completi, ecc. Abbiamo bisogno di quella nuova BMW serie 3; abbiamo bisogno di quella casa suburbana con la staccionata bianca, con le sue stanze minuscole e zero carattere. Lo stesso vale per l'auto, la casa, le vacanze, il cellulare o quella carrozzina griffata. Se non abbiamo questi *'cose'*, la nostra cerchia sociale potrebbe pensare meno di noi.

Ci viene detto che dobbiamo vivere la nostra vita percorrendo un percorso particolare. Dobbiamo andare a scuola e imparare a rispettare le figure autoritarie, poi andare all'università e memorizzare informazioni di cui non avremo mai bisogno per un lavoro che non esisterà tra dieci anni, e che alla fine verrà sostituito da robot e automazione.

Dovremmo sposarci e avere due figli, comprare gli ultimi gadget, comprare una casa in periferia, andare a guardare la partita di calcio il sabato, bere ed essere allegri ogni fine settimana - affogando i nostri dolori per una vita che odiamo ma dalla quale non abbiamo via d'uscita. , incatenati dal debito che abbiamo contratto, per la vita che pensavamo di volere. Dovremmo lavorare dalle 9 alle 5 per il resto della nostra miserabile vita, poi andare in pensione, vivendo in povertà, in attesa di morire. Ci viene detto di risparmiare per una giornata piovosa, rimandando *'vita'* fino alla pensione perché viaggiare per il mondo è da pensionati anziani. L'unico problema con questa premessa è che quando andiamo in pensione, le nostre articolazioni sono così fragili che è difficile alzarsi dal letto, figuriamoci scalare una montagna. Chiunque scelga una vita che non corrisponda esattamente a ogni parte di questo programma viene ridicolizzato dalla società, visto come un fallimento o un *'strano'* per non essere andato secondo la norma.

Questo percorso è presentato solo come *'normale'* perché ti grava sulle catene del debito. Se hai un debito, devi ripagare il denaro preso in prestito per mantenere quello stile di vita brillante. Ancora più importante, se sei in debito con qualcuno, sei facile da controllare, che tu sia un individuo, un'azienda o un intero paese.

Conclusione

In una società utopica, tutti potrebbero accedere al capitale per intraprendere un progetto e avviare o far crescere un'impresa. Nessuno vivrebbe per strada e tutti avremmo le risorse di cui abbiamo bisogno: cibo, acqua, riparo, un posto dove vivere, accesso al capitale, all'energia e, soprattutto, uno scopo.

La percezione di avere accesso al denaro ci limita e ci controlla come popolazione. Coloro che controllano l'offerta di moneta la creano dal nulla. Sono solo numeri su uno schermo. Per saperne di più, esamina la frode che chiamano *"sistema bancario a riserva frazionaria"*. Se creassi le mie banconote e monete, dicendo alla gente che erano soldi, verrei gettato in prigione, eppure questo gruppo di mafiosi lo fa, e la gente semplicemente glielo lascia fare.

Affinché la razza umana possa sfuggire alla modalità di sopravvivenza, dobbiamo passare collettivamente dalla percezione alla realtà perché è così che ci controllano. Percepisci che i loro sistemi servono i tuoi interessi più alti e migliori, ma la verità è che sono in atto solo per controllarti.

Cosa dirai ai tuoi nipoti quando ti chiederanno quale ruolo hai interpretato? *"La grande selezione"* del 21° secolo? Per la maggior parte, la risposta sarà probabilmente: *"Oh bene, ragazzi, il motivo per cui la vostra vita è così schifosa, il motivo per cui siete schiavi del sistema, è perché siamo rimasti a guardare e abbiamo lasciato che accadesse. Alcuni pazzi gridavano su quanto fosse corrotto il governo, ma noi li prendevamo in giro e li ridicolizzavamo. Vorremmo aver prestato più attenzione e averli aiutati a cambiare le cose; vabbè, sfortuna, ragazzi; puoi vivere in un mondo che abbiamo creato attraverso la nostra inazione contro coloro che ora ti schiavizzano.*

Guarda il *Signore degli Anelli* trilogia cinematografica. Probabilmente ricorderai quel poco *"Golem"* personaggio se l'hai visto. È stato lui a seguire gli hobbit, cercando di rubare loro l'anello. Anche se credevi che fosse tutta solo finzione, il *Signore degli Anelli* la storia riflette il viaggio umano attraverso la vita. Ci stiamo dirigendo verso la battaglia finale tra il bene e il male, proprio come dovettero affrontare gli hobbit alla fine della loro ricerca. Golem rappresenta gli avidi parassiti che faranno di tutto per raccogliere più monete. Non hanno alcuno scopo se non quello di raccogliere quante più monete possibile.

Potresti pensare che preferisco il socialismo e che sono anticapitalista. Questo non è il caso. Il socialismo non sarà mai positivo per l'umanità. Consegnare più denaro e potere a coloro che hanno creato il problema non è la via d'uscita da questo caos. È necessario un rapido cambiamento nel modo in cui premiamo la creazione di valore. In questa parte del libro abbiamo evidenziato alcuni dei problemi significativi legati ai sistemi parassitari che governano il mondo. Se ti senti spinto a scendere in una di quelle tane di coniglio per saperne di più sul problema, ti incoraggio a farlo. Ho trascorso molti anni immerso nella ricerca del problema, ma ora sono invece concentrato sulla creazione della soluzione. Sono più interessato a creare un modo migliore affinché la razza umana possa prosperare al di fuori di questi sistemi parassitari in modo che i miei figli e coloro che li seguiranno possano avere un mondo migliore di quello in cui viviamo oggi. Un luogo dove i cittadini non devono preoccuparsi di avere un posto dove vivere, di non potersi permettere di accendere il riscaldamento, di ammalarsi costantemente a causa del cibo che consumano o di fare un lavoro che odiano, incatenati a una montagna di debiti. . Nella seconda parte condividerò la nostra visione per un futuro migliore e un piano per aiutare tutti a realizzarlo.

Penso che Michael Jackson cantasse: "I bambini sono il nostro futuro, lasciali brillare e lascia che aprano la strada". I bambini sono la razza umana. Ma se non siamo disposti a cambiare nulla, mi dispiace per i bambini che verranno dopo di te. Posso solo pregare che queste generazioni future abbiano un po' più di spina dorsale e combattano per loro rispetto alle generazioni vive oggi.

Tutto quello che vedo è una nazione di persone patetiche, deboli e deboli, felici di ribaltarsi a loro favore *'vita comoda'*. Non è ora che ti fai crescere le palle e ti opponi alle stesse persone che cercano di fregarti? In caso contrario, ti suggerisco di chinarti e lubrificarti perché ti aspetta una dura corsa.

Per quei pochi che sono pronti a cambiare le cose, condividerò i miei pensieri iniziali su una struttura per il cambiamento. Io lo chiamo Freedom Framework, un quadro per un futuro migliore.

Seconda parte

Quadro per un futuro migliore

IL *'economia circolare'* Il concetto è recentemente entrato nella narrativa mainstream. Il problema con questa soluzione proposta è che sembra concentrarsi fortemente sul riutilizzo della spazzatura di altre persone: l'idea è quella di evitare la discarica consegnandola a qualcun altro.

È un'ottima idea se qualcuno lo vuole o ne ha bisogno. Non c'è niente di sbagliato in quest'idea, ma considera solo una piccola parte di un sistema rotto. Considera il consumismo di massa come la colpa di tutti i problemi del mondo.

Passare i nostri oggetti indesiderati a qualcun altro spinge il problema verso il basso. Se regalo i miei vecchi vestiti, devo comprarne altri da qualche altra parte, e poiché questi articoli non durano per sempre, ad un certo punto, devo comprarli nuovi. Ad un certo punto nel futuro, gli oggetti che ho regalato si consumeranno. Alla fine finiranno in discarica, quindi non è un'economia circolare.

In un'economia circolare sostenibile, quei vecchi pantaloni durerebbero per sempre o verrebbero riproposti in qualcosa di completamente diverso, che durerebbe per sempre o in seguito verrebbe riproposto nuovamente. La loro utilità non sarebbe mai morta.

In questa sezione desidero condividere la visione di una vera economia circolare, un modo sostenibile di vivere, gestire la nostra attività e prosperare nella nostra comunità. Io lo chiamo il quadro per un futuro migliore. Il FREEDOM Framework™ è una metodologia in sette fasi.

Formula: La formula è focalizzata sul modello di business complessivo per il cambiamento e per raggiungere l'obiettivo del nostro piano.

Radice: Root si concentra sulle fondamenta della nostra società e su ciò che è necessario per farla funzionare.

Scambio: Lo scambio si concentra su ciò che percepiamo come nostro *'economia'* e modi alternativi per scambiare valore.

Energia: Energize significa attrarre le risorse finanziarie necessarie per dare vita al tuo piano generale.

Progetto: La progettazione si concentra sulle parti necessarie all'interno di una struttura comunitaria per renderla un successo.

Ottimizzato: L'ottimizzazione riguarda le infrastrutture e gli elementi che entrano nella nostra comunità, dai servizi energetici agli edifici fisici

Mortale: Mortal riguarda l'Umano e la costruzione del nostro corpo in un'immagine di salute

87

Formula

Questo capitolo esaminerà un modello di vita alternativo: un modello di business in grado di soddisfare tutti i nostri bisogni creando allo stesso tempo opportunità per milioni di persone in tutto il mondo e facendoli uscire dalla povertà.

Circa dodici mesi fa, ho guardato un video su qualcuno che aveva costruito una scuola in Uganda e sull'impatto che aveva avuto sulla popolazione locale. Oltre a costruire una scuola, costruirono anche un orfanotrofio e crearono una fornitura di acqua dolce.

Alcuni bambini non avevano scarpe; camminerebbero attraverso la giungla a piedi nudi. Allora regalarono a tutti anche delle scarpe nuove. Alla fine di quel video di dieci minuti, piangevo in modo incontrollabile, ma non avevo idea del perché. Ogni volta che vedevo quanto le persone fossero grate per essere state aiutate, provavo un'altra esplosione di emozione. So che è su questo che intendo lavorare. Sapevo che questa era la risposta alla domanda che avevo cercato negli ultimi vent'anni, il motivo per cui ero stato messo su questo pianeta. Ma lasciatemi riavvolgere un po' per darvi un po' di contesto su come siamo arrivati fin qui.

Nel 2007 ho iniziato a interessarmi ad aiutare i meno fortunati. Non sapevo cosa, chi o dove in quel momento, ma in questo caso si trattava di aiutare i bambini in Ghana. Quando mi sono imbattuto nella loro storia, qualcosa ha acceso un sentimento che non riesco a spiegare: un senso di intensa emozione. È stato un momento della mia vita in cui mi sentivo perso. Ci deve essere una ragione più significativa per cui sono su questo pianeta, oltre alla semplice esistenza sulla ruota del criceto. Anche se mi piaceva il mio ruolo nella nostra attività, il pensiero che avrei continuato a fare la stessa cosa fino alla morte mi sembrava inutile.

Dal 2002, ho creduto che dovesse esserci uno scopo o una ragione più alta per noi, ma non sapevo quale fosse quello scopo, quindi da allora l'ho cercato.

Sto cercando di ricordare come è successo. Tuttavia, sono entrato in contatto con un ente di beneficenza che ha ristrutturato le scuole in Ghana. Secondo l'organizzazione benefica, questi ragazzi studiavano in edifici che cadevano a pezzi. C'erano buchi nel pavimento, buchi nei muri, buchi nel tetto. Non appena l'ho visto, ho avuto questa connessione emotiva nel mio cuore, sapendo che dovevo essere coinvolto. Ho capito subito che, con la mia esperienza nel settore edile, nella costruzione e ristrutturazione di edifici, avrei potuto avere un impatto significativo su queste persone molto rapidamente.

L'ente di beneficenza accettava volontari per effettuare le riparazioni. La maggior parte dei volontari erano studenti sabbatici. Tuttavia, con la mia esperienza combinata nel settore edile e commerciale, ho subito pensato che avrei potuto trasformare il modo in cui operava questo ente di beneficenza per avere un impatto più significativo. Ogni volontario ha pagato 8.000 sterline a settimana, che coprivano il costo di acquisto di materiali da costruzione, cibo, acqua e alloggio presso una famiglia locale in Ghana.

Il costo è stato elevato. Ho lavorato nel settore edile per tutta la mia vita e so che i materiali da costruzione non costano molto, soprattutto nei paesi in via di sviluppo. Le mie conversazioni con il ragazzo che gestisce l'organizzazione di beneficenza mi hanno portato a concludere che l'intera faccenda era una truffa progettata per catturare la ricca folla dell'anno sabbatico. Con un certo rammarico, ho accantonato l'idea, perché non sono riuscito a trovare altre organizzazioni con gli stessi obiettivi.

Avanti veloce di quindici anni fino al 2022, ho avuto l'idea di convertire una tenuta di 1000 acri sulla costa meridionale dell'Inghilterra in un resort hotel a cinque stelle e un villaggio privato. Era un progetto da 100 milioni di sterline;

Avevo tutte le carte in regola per realizzarlo: il denaro, l'operatore e la terra; gli unici pezzi che non avevo erano le persone che dovevano consegnare il progetto. - l'architetto, l'impresa edile, ecc. Tutte le aziende con cui ho parlato hanno detto di non essere interessate, *"non lavoriamo con nuovi clienti"*, O *'torna tra dodici mesi, siamo troppo occupati'*. A quel tempo, questo mi frustrava molto. Ho sperimentato questo atteggiamento da parte degli appaltatori nel Regno Unito per tre decenni, ma questo è stato il peggiore di sempre.

L'atteggiamento nei confronti delle opportunità nel Regno Unito è un argomento di discussione in un altro libro, ma ciò significava che il progetto proposto non poteva procedere. Ora credo che questo fosse il modo in cui l'universo mi spingeva verso il percorso corretto, il percorso su cui ora mi trovo.

Tutti desideriamo prosperare nella vita, ma poche persone lo fanno. La maggior parte dell'economia mondiale è controllata dal settore aziendale. Compri cibo dai supermercati, viaggi con i trasporti pubblici o acquisti veicoli e carburante da grandi aziende. Ogni volta che compriamo qualcosa, facciamo uscire i nostri soldi dall'economia locale; da quel momento in poi non ritorna più.
Solo quando quel denaro continuerà a circolare nell'economia locale potremo prosperare.

Si potrebbe sostenere che queste entità aziendali, con sede a migliaia di chilometri di distanza, impiegano personale locale. È fantastico, ma questi dipendenti sono generalmente percettori di salario minimo. Se scavi più a fondo, il reddito effettivo di questi lavoratori, considerando anche tasse e altre detrazioni, è inferiore al 5% del denaro che hai speso con quell'attività. Questo è uno scarso ritorno per la società.

Quei lavoratori poi vanno a comprare o affittare una casa, e da qualche parte in quella catena immobiliare, c'è una forte possibilità che ci sia un costruttore di case aziendali che l'ha creata. Compreranno un'auto da un produttore automobilistico globale. Acquistano energia da una compagnia energetica internazionale. Si faranno carico di debiti, mutui, prestiti automobilistici e carte di credito, pagando interessi esorbitanti alle multinazionali. Il sistema è progettato per prelevare denaro dall'economia locale perché ciò crea la necessità di prendere in prestito ancora di più. Non pensare che io sia innocente in tutto questo gioco neanche per un secondo. Sono stato su tutti i fronti di questo dibattito: il consumatore, il mutuatario e l'azienda. Per gran parte della mia carriera mi sono concentrato sull'operare in modo contrario al modello di cui parlerò più avanti. Nella nostra prima attività, un'impresa appaltatrice con sede in Scozia, nel Regno Unito, accettavamo contratti a centinaia di chilometri di distanza dal nostro ufficio in cui avevamo sede. Nella maggior parte dei casi, il personale viaggiava da un'altra area per soddisfare tali contratti. Successivamente, ho creato un'azienda di energia rinnovabile, che è diventata la più grande azienda di biomassa nel Regno Unito, offrendo nuovamente contratti a livello nazionale ma con sede nel nord della Scozia, a centinaia di miglia dal cliente. L'universo mi ha portato su questa strada per rendermi consapevole di quanto dannoso fosse il processo per quelle economie locali.

Non potrei mai parlarne se non ne avessi vissuto io stesso entrambi i lati.

Ad alcune persone non piacerebbe che lo dicessi, ma la beneficenza non funziona. Non è sostenibile. Se do un milione di sterline in beneficenza, quando non c'è più, non c'è più. Quei soldi avranno un impatto sulla vita di qualcuno, ma quando i soldi finiscono, se ne vanno per sempre. Per avere di nuovo lo stesso impatto, dobbiamo trovare qualcun altro che prenda un altro milione di sterline e faccia di nuovo la stessa cosa. Alla fine, i soldi sono completamente spesi. È un gioco a somma zero; non ritorna mai.

La carità crea anche un'economia di dipendenza, o una mentalità di dipendenza, in cui una persona diventa dipendente da un'altra per i propri bisogni. Ma cosa succede quando quel fornitore non può più fornire?

Una delle mie capacità è immaginare diversi modelli di business per gestire un'impresa, quindi questo problema mi ha fatto riflettere. Questo era solo un problema di modello di business. Avevo bisogno di creare un modello che non fosse un gioco a somma zero. Avevo bisogno di immaginare un modello che generasse entrate ricorrenti senza fare affidamento su una persona per donare i soldi. Più o meno nel momento in cui ho raggiunto il mio picco di frustrazione nel 2022, ho iniziato a vedere sempre più prove e notizie dai paesi africani, nonostante, all'epoca, il mio completo rifiuto dell'Africa come luogo in cui avrei dovuto andare per un progetto imprenditoriale. Ho parlato con un espatriato etiope che vive nel Regno Unito, che mi ha suggerito di investire in progetti in Etiopia. Non ho mai considerato l'Etiopia come una potenziale opportunità di business, soprattutto a causa del lavaggio del cervello da parte dei media occidentali. Ho quindi iniziato a convincere molte persone a caso dall'Africa a mandarmi messaggi sui social media, chiedendomi se potevo sponsorizzare la loro istruzione in modo che potessero finire la scuola.

Vedevo video sul mio newsfeed di YouTube sugli incentivi agli investimenti per vari paesi africani nonostante non li cercassi mai. È stato a questo punto che ho iniziato ad indagare più a fondo.

Nello stesso periodo stavo anche ricercando modi di vivere alternativi. Comunità alternative e vita off-grid, quindi ho iniziato a chiedermi se potevo costruire una comunità alternativa off-grid in Africa. Avevo studiato le comunità già in costruzione. Tuttavia, hanno sempre pensato che unendomi a una di queste comunità avrei sacrificato le comodità di base. Immaginavo di stendere il bucato ad asciugare sui rami degli alberi e di vivere così *'gente degli alberi'*. Piuttosto che l'idea di tornare alla natura, queste comunità hanno portato l'idea ancora più in là; sembrava più come tornare ad essere un uomo delle caverne. È diverso dalla mia idea di vivere in un *"comunità alternativa"*.'. Perché vivere al di fuori dei sistemi tradizionali deve significare sacrificare il comfort?

Mentre cercavo comunità alternative, non potevo immaginare di vivere lì. L'idea di tutti seduti attorno a un grande tavolo da pranzo, che si cucinano i pasti a vicenda, vivendo nelle tasche degli altri, non si adattava al mio pensiero. Non credo che le persone che per prime hanno immaginato questo concetto abbiano vissuto a stretto contatto con le persone per un lungo periodo. Per questo motivo, penso che molte di queste comunità non avranno successo a lungo termine.

Le persone sono troppo diverse. Anche le persone con gli stessi interessi oggi si allontaneranno in futuro, quindi essere costretti a vivere vicini, cucinarsi il cibo a vicenda e vivere di tasca propria, anche se potrebbe sembrare un'idea entusiasmante a breve termine, non lo sarà. t sopravvivere alla futura scissione.

 Ho sentito di persone che si uniscono a tali comunità per trascorrere lì il resto della loro vita, per poi andarsene meno di due anni dopo.

Sono attratto dal vivere su un'isola privata lontano dalla gente. Non intendo mancare di rispetto a nessuno, ma stare rannicchiato attorno al tavolo da pranzo mi fa accapponare la pelle. Preferisco essere isolato, con solo un piccolo gruppo intorno a me. Ho bisogno del mio spazio personale. Quindi, ho iniziato a esaminare comunità recintate più tradizionali e ho trovato un'azienda che crea comunità autonome di fascia alta per celebrità di alto profilo. Queste comunità hanno strutture di villaggio dedicate e guardie di sicurezza armate a ogni cancello. Le proprietà in queste comunità in genere vengono vendute per un valore compreso tra £ 10 e £ 25 milioni.

Tuttavia, supponiamo che tu sia una star del cinema di Hollywood o un ex presidente e desideri privacy. In tal caso, questo tipo di comunità è perfetta.

Sebbene una comunità come questa sia eccellente, ha anche uno svantaggio. Comporta costi di gestione elevati, il che ci riporta a ciò che abbiamo detto prima sulla riduzione dell'impegno finanziario a lungo termine. Il costo per mantenere questi villaggi privati di 500 acri, insieme a tutte le strutture e il personale, è suddiviso tra 400 case del villaggio, il che significa che ciascun proprietario di casa paga più di 50.000 sterline all'anno in tasse.

Anche se avevo scoperto il tipo di comunità che si adattava alle mie esigenze personali, il modello generale non funzionava come avevo pianificato. Capisco perfettamente perché il concetto che condivido qui non funzionerebbe nelle loro comunità.

Un veicolo a scopo di lucro

C'è un concetto che sembrerà estraneo ai più.

"Tutto il tuo reddito dovrebbe essere investito alla fonte per fornire rendimenti che paghino le tue spese di soggiorno."

Supponiamo che tu calcoli che le tue spese di soggiorno siano pari a £ 100.000 all'anno. Assumeremo un rendimento medio sui nostri investimenti pari al 10%. Senza considerare le tasse, se le nostre spese di soggiorno ammontano a £ 100.000 all'anno, con un rendimento medio del 10%, investiremmo £ 1.000.000 in attività che generano quel rendimento del 10%. Successivamente, questo ripagherebbe le nostre spese di soggiorno. Ancora più importante, avremmo ancora il capitale originale di £ 1.000.000, suddiviso in vari investimenti, e tali rendimenti continuerebbero ad affluire a noi ogni anno da quel momento in poi. Ora che abbiamo capito questo concetto, andiamo più in profondità.

Il problema che stiamo cercando di risolvere qui è aiutare la popolazione locale. La ragione originale per farlo era quella di utilizzare il business come veicolo per aiutare le persone nei paesi in via di sviluppo a uscire dalla povertà. Stiamo creando opportunità, creando posti di lavoro e fornendo accesso al capitale. Creare una strada per attrarre capitali dall'esterno dell'area e creare beni investibili che generino un profitto che, dopo aver offerto rendimenti elevati agli investitori, possa essere reinvestito nel miglioramento degli standard di vita della comunità indigena locale. Creare lo sviluppo di un villaggio privato è il punto di partenza perfetto per farlo.

Ma cosa succederebbe se costruissimo anche un resort alberghiero a cinque stelle all'interno della comunità privata recintata? Ciò creerebbe posti di lavoro per la popolazione locale, una valida opportunità di investimento per gli investitori esteri e attirerebbe persone che desiderano acquistare in una comunità recintata. Un resort di lusso a cinque stelle porterebbe nella zona turisti alto-spendenti.

Perché fermarsi qui? Per creare un resort a cinque stelle, è necessario un intero ecosistema di supporto composto da diversi tipi di attività e competenze. Costruire un hotel e un villaggio privato richiede tutte le attività legate all'edilizia. Una volta completato, avrà un impatto su molti altri settori, dai fornitori di formazione agli appaltatori, alle aziende di lavanderia, ai fornitori di prodotti alimentari e alle attrazioni turistiche. L'elenco è infinito. Oltre a investire nella creazione di resort alberghieri, cosa succederebbe se investessimo anche nell'intero ecosistema di supporto, aiutando ogni azienda a crescere, svilupparsi e fornire altri contratti in tutta l'area?

Per intenderci noi investiamo in questi asset, che attraggono capitali dall'estero. Questo modello crea occupazione locale, genera profitti, offre un eccellente ritorno ai suoi investitori e i restanti rendimenti degli investimenti coprono i costi di gestione della comunità, oltre a sostenere la comunità indigena locale, costruire scuole e strutture sanitarie, fornire cibo e fonti d'acqua, che altrimenti verrebbe lasciato in beneficenza.
La creazione di questo ecosistema crea un lavoro e una buona fonte di reddito per ciascun membro delle comunità indigene locali. Offre loro una via di fuga dalla povertà, il che significa che non hanno più bisogno di elemosina o beneficenza per sopravvivere. Si tratta di utilizzare la nostra esperienza imprenditoriale per creare opportunità per le persone, confezionare tali opportunità per attrarre investimenti esteri e quindi utilizzare i

profitti in eccedenza per pagare il mantenimento della comunità privata, migliorando allo stesso tempo gli standard di vita della comunità indigena.

Torneremo al punto in cui abbiamo iniziato questa conversazione sul concetto di economia circolare. L'unico modo in cui il nostro modello funziona è portare denaro dall'esterno della comunità attraverso gli investimenti. Lo facciamo offrendo interessanti opportunità di investimento nella comunità del villaggio privato, nel resort alberghiero e nelle altre attività commerciali locali. Una volta creato il capitale, dobbiamo utilizzare solo aziende locali che impiegano la popolazione locale quanto più possibile. Idealmente, questo si concentrerebbe sulle aziende locali in cui abbiamo investito.

In realtà, questa è la versione romantica del modello. Tuttavia, nella vita reale, non potremmo mai soddisfare il 100% dei nostri bisogni attraverso il nostro ecosistema locale. Ad esempio, un resort a cinque stelle ha bisogno di un team di chef a cinque stelle per preparare il cibo. È dubbio che questi possano provenire dall'interno della comunità indigena locale.

Allo stesso modo, l'hotel e altre aziende potrebbero dover acquistare determinati prodotti o servizi esternamente all'ecosistema, come servizi di consulenza o alcuni prodotti manifatturieri. Questi costi dovrebbero essere trattati come investimenti, aspettandosi di generare rendimenti molto più elevati di quanto costano. Questa è la vera economia circolare. Una vera economia circolare è quella in cui tutto rimane all'interno dell'ecosistema e dove è reso sostenibile dalla progettazione. Questa è la vera sostenibilità.

Questo modello può essere adattato e utilizzato su qualsiasi scala: dalla vita personale al business, alla comunità locale o al Paese. Anche se ho focalizzato il modello sui paesi in via di sviluppo dell'Africa, può essere utilizzato anche come sistema alternativo nei paesi sviluppati.

La mia attenzione particolare è rivolta ai paesi in via di sviluppo perché questi possiedono un atteggiamento molto migliore nei confronti delle opportunità a livello logico. A livello emotivo, le persone in questi paesi innescano quella risposta emotiva nel mio corpo, di cui ho parlato prima.

Come hanno dimostrato le mie storie precedenti, le aziende nel Regno Unito trovano scuse per NON fare le cose. Tuttavia, ho scoperto che le persone nei paesi in via di sviluppo tendono ad avere a *"troveremo il modo di farlo"* atteggiamento, proprio come me.

Tutto quanto discusso in questo capitolo si basa su a *"Profitto per scopo"* modello. Il profitto per scopo riguarda la creazione di un veicolo in grado di attrarre investimenti e l'utilizzo di tali investimenti per generare entrate e profitti da un'impresa commerciale. Dopo aver ripagato gli investitori, i profitti in eccesso vengono reinvestiti nel *'scopo'*, investendoli in altri progetti che guidino verso l'obiettivo principale. Nel nostro caso, l'obiettivo è far uscire le comunità locali dalla povertà estrema.

Ho ricevuto un po' di odio online da quando ho iniziato a parlare di questo modello. Alcuni dicono, *"Stai opportunisticamente utilizzando manodopera locale a basso costo per costruire resort a cinque stelle in modo da poter realizzare mega profitti"*. Il nostro modello è radicato nella causa e abbiamo creato questo modello per cercare di alleviare questo problema.

Ma per rispondere a tutti i critici che potrebbero pensarla allo stesso modo. Dato che vengo dal Regno Unito, potresti immaginare che se non utilizzassimo la popolazione locale per costruire un resort, manderemo persone dal Regno Unito.

Il problema di farlo, senza considerare le restrizioni sui visti di 30 giorni, renderebbe il progetto finanziariamente impraticabile. Costerebbe più del valore del progetto finito. Paghiamo voli, hotel, cibo e *'lavorare lontano'* pagare le tariffe. Ciò significherebbe che il progetto non è mai stato realizzato.

Per ogni resort che costruiamo, circa 40 milioni di sterline filtrano attraverso l'economia locale. Se il progetto riguarda un villaggio privato, la cifra si avvicina ai 100 milioni di sterline. Se utilizzassimo personale e imprese del Regno Unito per realizzare il progetto, nessuno di questi investimenti toccherebbe nemmeno il sistema finanziario di quel paese.

Utilizzando il nostro modello Profit-For-Purpose, stiamo investendo eventuali profitti futuri nell'ecosistema locale più ampio, stiamo investendo nella catena di fornitura, stiamo investendo nelle scuole, stiamo investendo nel sistema educativo, stiamo investendo Stiamo investendo nella produzione alimentare locale, stiamo investendo nella creazione di produzione localizzata di acqua ed energia e, a lungo termine, stiamo creando migliaia di posti di lavoro per la popolazione locale attraverso questo modello. Se un progetto fosse finanziariamente impraticabile, nulla di tutto ciò accadrebbe mai. Sì, i costi della manodopera locale in un paese in via di sviluppo sono molto inferiori a quelli equivalenti del Regno Unito. Tuttavia, questi maggiori profitti non stanno tornando al Regno Unito; vengono reinvestiti in quell'ecosistema locale. Questo modello può funzionare anche nel mondo sviluppato; dobbiamo iniziare a pensare a un livello di coscienza più elevato.

Azionariato dei dipendenti

Un'azienda è semplicemente un gruppo di persone con un obiettivo condiviso. Perché coloro che sono coinvolti in quell'attività non dovrebbero possederne una partecipazione? Non importa cosa fa l'azienda; il risultato è sempre lo stesso. I dipendenti che possiedono una parte dell'azienda faranno sempre quel qualcosa in più nel servire il cliente. Spenderanno i soldi come se uscissero dalle loro tasche. Riterranno responsabili i colleghi secondo standard più elevati e penseranno sempre a modi per migliorare le cose.

Supponiamo che gli imprenditori vogliano sapere perché non riescono a trovare personale affidabile. In tal caso, devono ancora capire che le persone non vogliono più lavorare a beneficio di qualcun altro mentre vengono pagate il minimo indispensabile.

L'azionariato dei dipendenti non significa necessariamente avere 67 dipendenti che impartiscono ordini e decidono come opera l'azienda giorno per giorno. Non è cambiato molto in questo senso. Gli amministratori senior della società stabiliscono la direzione prevista. Tuttavia, invece di mantenere riservata la performance operativa, il team senior agisce nell'interesse di ciascun azionista.

Ogni anno, l'azienda può tenere un incontro con tutti i suoi azionisti, dove possono chiedere idee, feedback o iniziative per migliorare l'azienda. Queste idee vengono poi implementate nei dodici mesi successivi.

Finanziare l'acquisto di azioni può essere un problema per le persone che svolgono ruoli a bassa retribuzione nell'azienda, perché la maggior parte non dispone di risparmi consistenti semplicemente seduti.

Ogni dipendente deve acquistare invece di ricevere semplicemente in dono le azioni perché in questo modo sa che vale qualcosa. Invece di far sì che ogni membro del personale acquisti azioni in un unico acquisto, potresti effettuare un buy-in graduale una o due volte all'anno. Potrebbero aderire lavorando con uno stipendio ridotto per un periodo fisso, con lo sconto salariale utilizzato per acquistare le azioni. Non è necessario che i dipendenti possiedano una grande percentuale dell'azienda; il team fondatore e gli investitori esterni devono mantenere la quota di maggioranza, quindi le azioni dei dipendenti potrebbero costituire solo un pool collettivo inferiore al 25% del capitale totale.

Mentre abbiamo discusso il modello di business complessivo per la creazione di una comunità sostenibile, nei capitoli seguenti esamineremo i sistemi funzionanti di quella comunità per costruire attorno ad essi un modello sostenibile.

Radice

In questo capitolo esamineremo le basi di ogni società e ciò di cui abbiamo bisogno per riprogettare un sistema a vantaggio delle persone.

Accesso alle opportunità

Se guardiamo alle aree più svantaggiate, vediamo lo stesso effetto, indipendentemente da dove ci troviamo. Se non si fornisce accesso alle opportunità, le persone si rivolgono ad altre cose che diventano un danno per la società.

Cresciuto nelle zone rurali della Scozia negli anni '90, ho lasciato la scuola due mesi prima del mio sedicesimo compleanno. I miei compagni di classe generalmente hanno seguito lo stesso percorso che avviene nelle zone più svantaggiate. Una piccola percentuale, forse il 10%, ha frequentato l'università e ha lasciato la zona. Il 30% ha seguito il percorso dell'apprendistato e circa il 30% ha intrapreso un lavoro non qualificato. Il resto era disoccupato. Questa parte di persone restava seduta a casa tutto il giorno; alcuni si sono dati alla droga, ma molti sono diventati criminali. Nel nostro territorio il vuoto di criminalità è stato inghiottito dal narcotraffico. Vivevamo a circa due ore dalla città più vicina e dalla gente *'venduto'* sull'idea di migliorare la loro posizione nella vita spostando la droga dalle città e portandola nelle comunità rurali.

Se a queste persone fosse stato dato accesso a opportunità, opportunità che avrebbero fatto loro guadagnare livelli di stile di vita o status equivalenti a quelli della droga, quante persone pensi che avrebbero scelto la via del crimine?

I problemi della nostra società oggi derivano dalla mancanza di opportunità. Tutte le opportunità significative del mondo sono spesso riservate a coloro che hanno frequentato un'università d'élite o a coloro che provengono da un lignaggio aristocratico. Ad esempio, supponiamo che un bambino voglia competere alle Olimpiadi. In tal caso, incontreranno molti ostacoli per raggiungere la rosa dei candidati. Anche il miglior atleta deve esserlo *'approvato'* per partecipare all'evento.

Uno di questi primi ostacoli è sapere come entrare in quel campo. Da dove comincerei se sognassi di arrivare allo sprint olimpico dei 100 metri? Poi arriva la mancanza di risorse e di denaro per sostenere un simile viaggio. Se segui la storia di Michael Edwards, meglio conosciuto come *"Eddie l'Aquila"*, saltatore con gli sci britannico degli anni '80, proveniente da una tipica famiglia operaia, suo padre stuccatore, sua madre casalinga, era visto come un motivo di imbarazzo per l'establishment, che ha fatto sì che cambiassero le regole, nel tentativo di impedire lui in competizione.

Anche quando è arrivato alle Olimpiadi, è stato deriso e fatto sembrare un idiota in TV dai media sportivi, probabilmente sperando che se ne sarebbe andato tranquillamente se avessero esercitato molta pressione mediatica su di lui e sulla sua famiglia. Sebbene l'establishment britannico lo percepisse come motivo di imbarazzo, il solo fatto che abbia perseverato nell'inseguire il suo sogno E abbia raggiunto le Olimpiadi dovrebbe essere qualcosa di cui il pubblico britannico possa essere orgoglioso e da cui ispirarsi, ma non è mai stato così. Nella migliore delle ipotesi, è stato visto dalla maggior parte del pubblico britannico come una delusione.

È lo stesso in qualsiasi campo. Nel mondo aziendale, ho visto molti consigli di amministrazione e team di dirigenti senior gestiti da persone che lo erano *'paracadutato'* in queste posizioni, provenienti da a *'ben noto'* famiglia, o il loro padre è un *'Signore'*. È gestito da *"rete dei vecchi ragazzi"*, la vecchia guardia, e come si suol dire, *"è un grande club e tu non ci sei"*. Il soffitto di vetro è reale; non importa quanto lavori duro; quei posti sono già riservati.

Dobbiamo iniziare aprendo opportunità alle persone. Dobbiamo adottare una "mentalità basata sull'opportunità". Ciò significa condivisione e collaborazione. Invece di provare a fare tutto da soli, dovremmo guardarci intorno e chiederci: chi potrebbe essere adatto a fare questo con me?

Immagina, per un secondo, un'isola sperduta in mezzo all'oceano. Diciamo che abbiamo costruito un hotel sull'isola e, con tutti gli ospiti paganti, abbiamo generato questa enorme pila di bucato ogni giorno. Ma notiamo che anche la vicina penisola ha un'enorme pila di biancheria. Attualmente facciamo tutto il bucato da soli. È qui che entra in gioco la mentalità dell'opportunità.

Invece di fare tutto da soli, chiediamo: *"Chi potrebbe essere alla ricerca di un'opportunità?"* Perché non creiamo un'attività per lavare i panni sporchi con quelle persone? Supponiamo che ci sia un piccolo gruppo di persone.

In tal caso, significa che risolviamo il nostro problema dando allo stesso tempo a ogni individuo l'opportunità di migliorare il proprio status e la propria posizione nella vita.

Queste persone devono acquisire esperienza aziendale, quindi perché non guidarle e mantenerle in linea con l'azienda? Riunendo diverse persone motivate sotto la stessa azienda si risolve il problema della dipendenza da una sola persona. Potremmo trovare un operatore commerciale esperto e paracadutarlo nella gestione dell'attività finché gli altri non avranno abbastanza esperienza per gestirla da soli. Ciò proteggerebbe anche l'investimento necessario per la sua realizzazione.

Accesso al capitale

Una storia simile vale per la Formula Uno. Migliaia di bambini in tutto il mondo sono cresciuti gareggiando nelle corse di kart. Ma ci vogliono tanti soldi, oltre ad avere le giuste conoscenze, per portarti al livello successivo di questo sport.
Non escludo un lavoro duro, ma puoi essere il più veloce in pista; se non hai due soldi da mettere insieme, puoi anche dimenticartelo. Avendo gareggiato nei rally, ho assistito a questa situazione con molte persone contro cui ho gareggiato. La maggior parte viene semplicemente esclusa da questo sport. Quando gareggiavo non avevo l'ambizione di diventare campione del mondo; competere era il mio sogno da bambino, quindi viverlo era sufficiente per soddisfare i miei desideri. Tuttavia, ho anche capito che la persona con il *"il più grande conto bancario"* vinto.

In cinque anni ho investito il mio intero stipendio nella costruzione di un'auto e poi nelle gare. Per competere in prima linea a livello nazionale, ho sentito di concorrenti privati che possono spendere un milione di sterline in una stagione. Per competere a livello di campionato del mondo, guidare con i team dei costruttori significa avere un budget di circa quattro milioni di sterline per coprire una singola stagione, senza considerare il costo di ingenti danni alla vettura durante tutta la stagione.

La maggior parte di coloro che competono a questi livelli possiedono aziende enormi e famose che pagano per il loro hobby, oppure provengono da famiglie famose con un successo storico nello sport e quindi gli sponsor sono disposti a sostenerli in base al loro cognome.

Oltre a fornire accesso alle opportunità, il prossimo obiettivo è fornire accesso al capitale, contribuendo a realizzare queste opportunità. Questo non significa dare capitali a chiunque voglia competere nel motorsport di Formula Uno; Lo uso solo come esempio. Stanno invece creando una scala in base alla quale chiunque può accedere ai fondi necessari creando progetti generatori di entrate e finanziando il proprio stile di vita con i frutti di quel progetto. Ciò può essere fatto attirando investimenti esterni all'economia locale. In alternativa, i membri della comunità possono mettere insieme il proprio capitale per mantenere il ciclo in corso. Ogni volta che un investimento ha successo, alimenta il sistema per aiutare gli altri nella comunità.

Fondo comunitario di investimento

Se guardiamo alle piccole imprese, meno dell'1% dei dollari investiti arriva a questa parte dell'economia. Per il resto, pochi fortunati ricevono investimenti tramite *'persone normali'* mettendo insieme collettivamente i propri risparmi e investendo attraverso varie piattaforme. Guarda qualsiasi piattaforma di crowdfunding; probabilmente meno di venti aziende cercano investimenti lì. Se si considera che nel Regno Unito ci sono sei milioni di piccole imprese, è chiaro quanto sia piccolo questo bacino di finanziamenti alternativi.

Il business 'avviare' lo spazio è altrettanto tintore. A meno che tu non sia una startup tecnologica con un track record di scalabilità di più startup tecnologiche, la possibilità di ricevere investimenti dalla comunità degli investitori è ZERO. Tali startup fanno affidamento sul denaro di amici, familiari o risparmi personali.

Il problema con l'investimento in questo tipo di opportunità in questo momento è che il 50% delle aziende fallisce nel primo anno. Il 90% fallisce entro cinque anni. Solo il 4% arriva a 10 anni.

I criteri per investire in un'impresa sono:
1. Deve essere stabilito con una forte domanda da parte dei clienti

2. Per gestire l'attività è necessario disporre di un team di gestione completo.

Senza questi due fattori, c'è una solida possibilità che tu perda i tuoi soldi. Il motivo è che la maggior parte delle persone che avviano un'impresa non l'hanno mai fatta prima. Stanno percorrendo un sentiero bendati, senza bussola, senza mappa, senza torcia, ma con molti bordi di scogliera.

Man mano che un'azienda cresce e acquisisce più clienti, deve affrontare altri problemi, come gestire le questioni relative al personale, gestire il flusso di cassa e bilanciare la domanda dei clienti con la capacità di fornire. Tutto questo è nuovo per la maggior parte delle startup e c'è bisogno di più aiuto, formazione o supporto affinché queste aziende possano accedere a queste informazioni. Il sistema non è ponderato a loro favore.

Quando hanno raggiunto la fase di assunzione di un team di gestione, in genere hanno imparato come superare questi problemi e, si spera, hanno esperti che gestiscono ogni area dell'azienda. L'altro rischio legato all'investimento in piccole imprese e start-up gestite dal proprietario è che potrebbe succedere qualcosa al proprietario dell'azienda, il che significa che non potrà lavorare per sei mesi. Senza persone che subentrano in loro assenza, l'attività è morta e con essa muore qualsiasi investimento.

Con un fondo opportunità, abbiamo anche bisogno di una sana gestione del rischio per ridurre l'impatto del fallimento di eventuali investimenti. Ciò significa avere persone forti per gestire ogni opportunità, attività o investimento.
Ancora più importante, le aziende hanno bisogno di una direzione, di una guida e di un'etica condivisa volte a creare opportunità per gli altri nella comunità come parte del loro modello operativo quotidiano. Ciascuna azienda all'interno del portafoglio di investimenti dovrebbe condividere la

nostra etica e il nostro modello di supporto di una catena di fornitura locale.

È necessario che esista un metodo per restituire e riciclare l'investimento nel fondo centrale, in modo che possa essere reinvestito in più opportunità il più rapidamente possibile.

Un family office è un team che gestisce il patrimonio di un individuo. Investono capitali in varie categorie di investimento, siano essi proprietà, azioni, metalli preziosi o affari. La struttura del family office intende effettuare investimenti che forniscano un ritorno su tale investimento, aumentino il valore del piatto centrale e forniscano al beneficiario un reddito sufficientemente ampio da coprire le spese e i costi di soggiorno.

Utilizzando gli stessi principi di un family office, investiamo quel capitale in ciò che chiamiamo *'Creazione di valore'* infrastruttura. Ciò significa investirlo in edifici e attività commerciali che genereranno entrate e otterranno un ritorno continuo su tale investimento. Questo fondo di investimento potrebbe essere ampliato per generare entrate sufficienti per far crescere continuamente le infrastrutture della comunità nel tempo, pagate dai rendimenti annuali.

Supporto locale

Quali opportunità potresti offrire alle persone della comunità locale? Supponiamo che attualmente stai acquistando da grandi aziende nazionali o internazionali. Come potresti invece spostarlo per acquistare da imprese locali? Cosa dovrebbe accadere perché diventi tuo *'vai a'* processo operativo?

Più creiamo e supportiamo le imprese locali, maggiori saranno le opportunità per la popolazione locale. Questo ciclo diventa più grande quanto più lo facciamo.

Pochi hanno preso in considerazione questa idea, ma quanto successo avrebbe un'azienda se anche i suoi clienti investessero in essa? I clienti che investono nella propria catena di fornitura dovrebbero essere clienti per tutta la vita. Il tradizionale processo di procurement per le aziende è uno dei processi meno efficienti e dispendiosi in termini di tempo che abbia mai incontrato.

Se un cliente investisse nella vostra attività, eviterebbe la necessità di competere con altre otto aziende, con un solo fornitore che vincerebbe un contratto, mentre gli altri sette perderebbero tempo. Se un'azienda vince un contratto ogni cinque gare d'appalto, ciò significa un risparmio dell'80% in termini di tempo ed energia. In altre parole, se partecipassi solo ai contratti, vinceresti, ciò significa che lavorerai solo di lunedì e poi passerai il resto della settimana a fare qualcosa di produttivo. Se un cliente possiede la propria catena di fornitura, è motivato ad aiutarla a svilupparsi. Piuttosto che fare offerte per contratti individuali, la conversazione si sposta sulla promozione degli investimenti da parte dei clienti. Questa è una conversazione, una presentazione e poi concentrarsi sulla fornitura di ciò di cui hanno bisogno.

I vulnerabili

Ci saranno sempre alcune persone nella nostra società che avranno bisogno di sostegno, che si tratti di una rete di sicurezza se hanno un'impresa fallita, ad esempio, o di qualcuno che non può mantenersi a causa della vecchiaia, della disabilità o forse anche dell'essere orfano una giovane età.

Nel capitolo Formula, abbiamo esaminato un modello per generare reddito attraverso veicoli di investimento. Tuttavia, ora che abbiamo compreso questo concetto, dobbiamo chiederci se questa possa essere una soluzione per sostenere i bisogni della comunità e pagarne i costi. Invece di limitarsi a pagare i costi per aiutare i più vulnerabili, questa potrebbe essere una via per pagare *di tutti* spese vive dell'intera comunità.

Per fare un ulteriore passo avanti, se non abbiamo spese di soggiorno, allora non abbiamo nulla che ci obblighi a fare lavori che non ci piacciono.
Ognuno di noi può fare ciò che ci interessa di più e ciò che è meglio per l'intera comunità. Le persone che amano coltivare cibo possono concentrarsi sulla coltivazione di cibo per la comunità. La persona a cui piace insegnare può lavorare nella scuola. Hai capito. Gli artisti della comunità possono creare grandi opere d'arte e venderle al mondo esterno per generare maggiori entrate per la comunità.

Una cosa che non abbiamo ancora considerato sono le persone che ricevono sostegno dal sistema, ad esempio, coloro che non possono lavorare per guadagnare denaro o che in qualche modo si sono allontanati dal loro percorso e coloro che sono disabili. Come funziona il nostro modello per loro? Tutto questo torna a progettarlo per il nuovo modello. Tutto ciò a cui assisti con il sistema attuale è solo l'effetto di molteplici reazioni istintive da parte del governo. Un sistema sostenibile non dovrebbe aver bisogno di risposte istintive perché è progettato in modo proattivo fin dal primo giorno.

Ora dobbiamo rispondere alla domanda su cosa succede ai più vulnerabili nella nostra società. Questi individui hanno bisogno di risorse specifiche, che si tratti di cibo, energia, alloggio o qualcosa di più specifico, come attrezzature o supporto da parte di un assistente. Come per il resto della nostra comunità, questa domanda di risorse è prevista nel sistema fin dal primo giorno.

Supponiamo che le risorse debbano essere acquistate dall'esterno della comunità. In tal caso, il modello è progettato per generare entrate aggiuntive di cui ha bisogno in modo che queste risorse possano essere acquistate esternamente.

Abbiamo parlato di vivere in a *'senza soldi'* economia, avendo le tue risorse generate entro i confini di quello spazio comunitario. Questo modello funziona; ognuno riceve tutto ciò di cui ha bisogno. Ma per acquistare tutte le risorse esterne di cui abbiamo bisogno, dobbiamo generare entrate sufficienti dal mondo esterno, e lo facciamo effettuando investimenti aggiuntivi in asset generatori di entrate.

Sviluppo

Considerando che viviamo su un'isola isolata in mezzo all'oceano, come pagheremo la costruzione di tutte le infrastrutture, gli edifici e lo sviluppo fondamentale dell'isola? Naturalmente, questo non include il costo del terreno stesso.

La prima fase prevede l'esecuzione di un inventario del terreno per identificare quali risorse abbiamo a disposizione. Cosa necessita di aggiornamento, riparazione o miglioramento e cosa dovremo portare dal mondo esterno? È qui che risiedono i costi iniziali.

Dopo aver effettuato un inventario del sito, la fase due considera eventuali opportunità di creazione di valore. Cosa possiamo fare per massimizzare le opportunità di generazione di entrate dal mondo esterno? Quando abbiamo creato un piano di sviluppo, dovremmo considerare di quale infrastruttura avrà bisogno il piano di sviluppo. Quali edifici sono necessari? Quante persone? Quali set di abilità? Come nutriremo tutti? Come li ospiteremo? Come gestiremo i rifiuti derivanti da tutte queste attività? Avremo una riserva d'acqua abbastanza grande da soddisfare tutte le nostre esigenze? & Quanto spazio è necessario per ospitare tutto?

La fase tre è la fase di costruzione, che potrebbe essere consegnata secondo la sua sequenza. Stiamo iniziando in piccolo, costruendo il minimo indispensabile e ampliandolo man mano che le attività di creazione di valore stanno accelerando. Non vogliamo costruire infrastrutture, hotel e case per ospitare 1.000 persone se abbiamo bisogno solo di tre case il primo giorno. Avere uno sviluppo più piccolo che può essere ampliato e ampliato facilmente è un'opzione migliore e richiede meno risorse finanziarie e fisiche per dare vita all'idea.

Quando si considera come pagare per la prima fase, ci sono alcune opzioni che potrebbero essere considerate come segue:

Licenza di occupazione: Una licenza di occupazione viene generalmente utilizzata nei luoghi in cui è illegale per un'entità straniera possedere la terra. Gli occupanti ottengono un permesso fondiario, simile ad un contratto di locazione a lungo termine. La licenza è tipicamente una licenza rinnovabile di 50 anni, con un'ulteriore estensione di 50 anni. L'importo pagato è paragonabile all'affitto fondiario di base nei paesi occidentali.

Acquisto terreno: L'acquisto definitivo del terreno è un percorso utilizzato meno spesso ora, a meno che l'intenzione non sia quella di dividere il terreno in singoli appezzamenti, svilupparli e venderli immediatamente.

Partecipazione del proprietario terriero: Il proprietario terriero è un investitore azionario, che fornisce la terra anziché il capitale al progetto. Ciò significa che ricevono una parte di tutte le entrate e i proventi della vendita dal progetto completato. *Donazione di terreni:* Con la donazione del terreno il proprietario terriero dona il terreno al progetto senza alcun costo. Ciò avviene generalmente da una prospettiva filantropica o laddove la comunità locale trarrà beneficio dal progetto. Ciò può dipendere dalla giurisdizione e dalla struttura giuridica del veicolo del progetto. Spesso ciò accade quando il governo dona il terreno a un progetto da sviluppare per l'uso o il miglioramento della comunità locale, ad esempio donando il terreno per costruire un nuovo impianto energetico a cui la comunità locale avrà accesso.

Altre opzioni possono includere:

Messa in comune del capitale: Un gruppo di persone mette in comune il proprio capitale per far parte in seguito della comunità.

Scambio di competenze: Se qualcuno vuole far parte di un progetto ma ha bisogno di capitali, potrebbe investire il proprio tempo e le proprie competenze in cambio di partecipazione al progetto. Questo può funzionare per qualsiasi ruolo all'interno del progetto, sia che si tratti di qualcuno con una vasta rete di investitori, che potrebbe essere pagato in base a ogni presentazione riuscita, o se si tratta di qualcuno che è un idraulico qualificato che fornisce i servizi idraulici al progetto e loro" ripagato in azioni nel progetto. Questa partecipazione azionaria può successivamente essere scambiata con azioni della comunità o ricevere una quota di eventuali profitti futuri derivanti dal progetto, proprio come farebbe un investitore.

Tokenizzazione: Similmente ad alcune delle idee già discusse, se una persona fornisce qualcosa di valore al progetto o alla comunità completata, come coltivare cibo e venderlo alla comunità, può essere pagata utilizzando un sistema di gettoni. Questi gettoni possono poi essere scambiati all'interno della comunità, sia con una casa che con i servizi di qualcun altro all'interno della stessa comunità. Questo è l'inizio di un nuovo sistema monetario localizzato.

Società

Immagina una società in cui tutti fossero uguali e non esistesse un sistema di classi. Non ci sarebbe motivo per nessuno di caricarsi di debiti, tentando di ritrarre una falsa immagine di ricchezza. Partecipando a qualsiasi riunione scolastica, sarai testimone di a *'gara di scambi di cazzi'* dove le persone fingono che la loro chipolata sia un wurstel, cercando di ritrarre quanto più successo hanno avuto rispetto ai loro ex compagni di classe.

Non importa a quale estremità dello spettro sociale guardi. Vai a Monaco Marina e noterai che tutti competono tra loro per chi ha lo yacht più grande, apparentemente come segno di chi ha più successo. Mentre Jimmy possiede un superyacht di 50 metri, credendo di essere il *"grande amico di Dagenham"*, quando va a Monaco, viene disprezzato come tale «*uno dei contadini*' dal ragazzo con il megayacht di 200 metri.

Guarda la corsa della scuola. In alcune zone, noterai tutte le mamme che cercano di competere a vicenda con i loro SUV 4x4, chi è il più costoso, chi è il più grande. Di chi è il più nuovo?
Immagina che, crescendo, le ragazze non siano interessate alle automobili, ma quando si tratta di eclissare i loro coetanei dal parco giochi in età avanzata, nutrono un vivo interesse per loro.

Questo è il tipo di società in cui viviamo oggi. È tutto un desiderio interiore che gli altri ci vedano come aventi uno status sociale più elevato. A livello subconscio, abbiamo bisogno di essere riconosciuti e convalidati da altre persone.

Naturalmente, la crisi di salute mentale prevalente nella società odierna è solo uno dei tanti effetti del modo in cui opera la nostra società. La depressione e il suicidio sono tutti alimentati da persone che vivono questi finti stili di vita, e anche loro, quando vengono a patti e si rendono conto che la loro vita non è come speravano che fosse.

Questo ritorna al modo in cui qualcuno vede la propria posizione nella vita. Se consideri la vita come una tabella di punti, dove vince la persona con più beni materiali, allora il 99% delle persone sarà sempre insoddisfatto di quella immagine. C'è sempre qualcos'altro da comprare o qualcosa che possiede qualcun altro. Avrai bisogno di una scorta infinita di soldi per giocare a quel gioco.

E se invece considerassimo la nostra posizione nella vita come se ci piacesse la nostra esperienza di vita quotidiana? Abbiamo tempo con la nostra famiglia?

Abbiamo legami significativi con i nostri amici, colleghi di lavoro e legami d'affari? Come possiamo avere un impatto, per quanto piccolo, su ciascuna di queste connessioni umane?

Se eliminiamo la necessità di beni materiali e tutti abbiano tutto ciò di cui hanno bisogno e che desiderano, all'improvviso la vita diventa qualcosa di più del semplice avere l'ultimo status symbol al polso.

Allontanarsi dal tentativo di superare la propria cerchia sociale e farsi ammirare dalle persone è l'unico modo per allontanarsi dalla percezione di un sistema basato sulle classi.
Come lo conosciamo oggi, il sistema di classi distrugge la società. Alla fine, il sistema di classi è stato creato dalla classe dominante, quella che potresti venerare *"i reali"*; senza la classe dirigente e la classe contadina, sarebbero visti alla pari, quindi i nostri antenati non avrebbero mai prestato loro alcuna attenzione. Crea anche questa

domanda di debito, poiché lo usiamo come scala per salire la scala della percezione della ricchezza.

Altrove

Nel nostro sistema attuale, le persone vanno a lavorare e poi vanno in pensione. A questo punto, o muoiono nel giro di pochi mesi o trascorrono la pensione facendo qualsiasi cosa per tenersi occupati. In alternativa, si siedono a guardare la TV diurna o vecchi film di guerra. Così visse mio nonno per 20 anni dopo essere andato in pensione. Dopo aver costruito la sua casa e aver trascorso qualche vacanza occasionale o fatto qualche progetto di giardinaggio, il resto del tempo lo trascorreva guardando vecchi film di guerra. È come se una persona perdesse il proprio scopo quando va in pensione.

Immagina una pensione alternativa. Invece di lasciare il posto di lavoro, lo usiamo per trasmettere tutta quella preziosa esperienza di vita e aiutare la generazione successiva. Il sistema educativo è uno scherzo, ma con una rivoluzione nel modo in cui apprendiamo, possiamo tutti diventare mentori o guide per coloro che verranno dopo di noi. Se sei un settantenne in pensione, il tuo valore non c'è più *'fare il lavoro'*; è nel condividere le esperienze che hai sopportato e trasmetterle agli altri. E se potessi modellare la vita di una persona più giovane in modo che non commettano gli stessi errori?

Pensa a tutti gli errori che hai commesso nella tua vita e a tutte le lezioni che hai imparato da essi. Come può evolversi la razza umana se queste lezioni non vengono trasmesse alle generazioni più giovani? Altrimenti diventa un ciclo ripetitivo in cui ogni generazione non si evolve mai, vivendo la stessa esperienza ma partendo ogni volta da zero.

Nelle antiche tradizioni di molte culture, avevamo *'altrove'*; questi erano i saggi della comunità che avevano vissuto molte esperienze. Questi anziani hanno trasmesso la loro saggezza di vita al resto della comunità, impedendo loro di prendere decisioni sbagliate. Ad esempio, se un errore come andare in guerra venisse commesso senza il saggio consiglio degli anziani, un leader inesperto potrebbe reagire in modo eccessivo e l'intera comunità potrebbe essere massacrata.

Possiamo avere i tempi moderni *'altrove'*, ognuno con esperienza in campi diversi. Si inizia con l'apprendimento di materie particolari da parte dei bambini in età scolare, proprio come abbiamo il modello di apprendistato tecnico che usiamo ora.

Piuttosto che la necessità di *"insegnanti qualificati"*, abbiamo qualcuno che ha lavorato in quell'argomento per molti decenni e può trasmetterci lezioni di vita reale e scorciatoie, un metodo tradizionale *'insegnante'* non lo sa.
Ciò non significa la fine degli insegnanti; gli insegnanti sanno come aiutare qualcuno a

imparare. Gli insegnanti non sono il problema nel sistema educativo; il problema è cosa sono costretti a insegnare e come.

Dopo l'età scolare arriva il tutoraggio per le persone che desiderano avviare un'impresa, questi anziani uniscono le loro esperienze mentre lavorano a un quadro per l'avvio di un'impresa. Questi anziani possono guidare e assistere nella gestione quotidiana di tali attività. Poi, man mano che l'azienda cresce, ha bisogno di una guida più a livello del consiglio di amministrazione, di persone che hanno già percorso quella strada.

L'orientamento può coprire tutti i settori, non solo il mondo degli affari o dell'istruzione. C'è bisogno di guida nelle abilità sociali, nella connessione, nella comunicazione, nella risoluzione dei problemi, in competenze specialistiche come la coltivazione del cibo o l'assistenza sanitaria di emergenza, nella comprensione di chi sei e del tuo scopo qui e persino nelle relazioni.

Questo è ciò che attualmente manca nel nostro sistema. Osserva gli argomenti più cercati su YouTube e noterai persone che cercano conoscenze di livello base, come *"come avere una relazione"*. Con dati come questi, abbiamo una chiara lacuna nella nostra istruzione e dobbiamo apprendere queste materie come parte integrante del nostro sviluppo iniziale. C'è un profondo distacco dai nostri bisogni fondamentali a favore di riempire le nostre vite con informazioni e tecnologie inutili.

Oltre a sostenere la società, il modello degli anziani fornisce agli anziani uno scopo.

Formazione scolastica

E se il sistema educativo avesse un interesse nel risultato della tua vita? Piuttosto che cercare di riempire i posti, potrebbe concentrarsi sulle conoscenze specifiche di cui hai bisogno per ottenere ciò che desideri. Ma come funzionerebbe nella pratica?

Invece di pagare l'istruzione direttamente o indirettamente, l'ente erogatore dell'istruzione la finanzierebbe. Invece di apprendere i dettagli complessi di ogni argomento, identificheresti quale sarebbe stato il risultato e il fornitore ti insegnerebbe gli argomenti specifici di cui avevi bisogno per imparare per ottenere quel risultato. Invece di sprecare cinque anni per imparare una materia, potrebbero volerci solo pochi mesi. Da quel momento, il fornitore riceverà una quota dei tuoi futuri guadagni da tale apprendimento, fino a un importo predeterminato, simile a un investitore che finanzia un progetto in una joint venture con te. Il fornitore è allineato con te e con ciò che desideri ottenere, quindi è anche motivato a fornire il supporto necessario per raggiungere tale obiettivo.

Conclusione

Abbiamo chiamato questo capitolo la Radice. Tutto ciò di cui abbiamo discusso è il fondamento di tutto nella società. Il motivo per cui abbiamo la criminalità, i senzatetto o le epidemie legate alla droga è perché le fondamenta della nostra società sono rotte. La risposta naturale a cui puntano le persone è che il socialismo risolverà i nostri problemi sociali. Socialismo significa dare più potere ai governi, ma sono stati i governi a creare questo problema. Il socialismo non è la soluzione. Possiamo risolvere questi problemi solo concentrandoci sui fondamenti stessi della nostra società e correggendoli. È allora che le cose cambiano. Fissa la Radice e il fiore sboccerà, ma senza la Radice forte non c'è fiore.

Scambio

In questo capitolo esamineremo il principio del modo in cui scambiamo valore, allontanandoci da un sistema monetario corrotto controllato da persone che non lavorano per gli interessi più alti e migliori delle persone.

Economia

L'Oxford Dictionary definisce un *'economia'* o a *'economizzare'* come tagliare la nostra spesa. Questo è un *'economia'* mentalità.

Se tagliamo le nostre spese, ci sarà meno denaro in circolazione nel sistema, il che porterà alla povertà, alla cattiva salute, alla criminalità e a numerosi altri problemi a cui assistiamo oggi. Il corrente *'economia'* Il sistema basato sulla moneta è la radice della maggior parte dei problemi che abbiamo nella società, e il modo per risolvere questi problemi è aumentare la circolazione del denaro nel sistema. Si prega di notare che quando dico "aumento della circolazione monetaria" non intendo aumentare l'offerta di moneta, altrimenti noto in tempi recenti come *"allentamento quantitativo"* O *"stampa di denaro"*.

Quando diciamo *"Vogliamo un'economia in crescita"*, è come dire, *"Vogliamo vincoli alla crescita"*, è come dire, *"Voglio un gelato caldo"*, eppure siamo stati programmati in modo da credere che le cose dovrebbero essere così: un mondo di vincoli. La natura non esiste in un mondo di vincoli. La natura crea più che abbastanza perché tutto possa prosperare.

Ti sei mai chiesto perché l'universo non impedisce la crescita delle ortiche o di quei cespugli di rovi che crescono senza controllo ogni estate?
No, perché è semplicemente la natura. Gli uccelli e le api hanno cibo più che sufficiente per vivere *'una vita abbondante'*; non vivono un'esistenza frugale o limitata. Allora perché il 99% degli esseri umani crede che questo sia il modo in cui dovremmo vivere?

Ci sono abbastanza risorse e terra su questo pianeta perché tutti possano avere ciò di cui hanno bisogno. Non abbiamo un problema di risorse; abbiamo un problema di equa distribuzione.

Ricordo che quando ero bambino mi chiedevo sempre perché le cose non avessero senso. Da bambini, capiamo istintivamente quando qualcosa non va, ma, come me, ci viene detto dalla società *'vai avanti'* E "non fare domande". Coloro che mettono in luce qualcosa di sbagliato nel mondo vengono puniti dalla famiglia, dal sistema educativo o dalla società.

Quindi, se non possiamo chiamarla economia, come possiamo chiamarla? Usa i termini che preferisci, ma lo chiamerò io *"circolazione monetaria"*. Anche se potrebbero esserci etichette migliori, spero che tu possa identificarti con il mio argomento. In una futura società più giusta, lo chiamiamo *"circolazione del valore"* O *'flusso di valore'*.

Secondo il dizionario il contrario di *'economia'* È *'essere uno spreco'*. Ancora una volta, anche questo è stato distorto da qualche parte lungo la strada. È come dire che avere una circolazione monetaria abbondante è uno spreco. La natura non spreca nulla. La natura prospera. Posso solo immaginare che coloro che controllano l'attuale sistema di scarsità abbiano bisogno che la popolazione creda che questo sia l'unico modo in cui gli esseri umani possono funzionare, tagliando o sprecando.

Tassazione

Se lavori per una settimana e vieni pagato £ 1.000 per fare quel lavoro. Alla fine di ogni settimana, Tony, il gangster locale, viene a casa tua e prende per sé 500 sterline.
Se mai proverai a evitare di pagargli i soldi, ti darà la caccia e ti getterà in una gabbia.

Se così fosse non saresti felice, eppure lo accettiamo tranquillamente quando chiamiamo quell'organizzazione mafiosa *'governo'* fa la stessa cosa. La tassazione è un furto. La tassazione è schiavitù. Facciamo tutto il duro lavoro nella piantagione del signor Jones, ma il signor Jones raccoglie la maggior parte dei frutti dal nostro lavoro nonostante non faccia mai nulla per guadagnarselo. Nella maggior parte dei paesi, la quota del governo è superiore al 50% nelle imposte dirette e indirette. Supponiamo che tu sia un piccolo imprenditore nel Regno Unito. Lo sapevi che per estrarre profitti dalla tua azienda e metterli in tasca? In tal caso, pagheresti il 63% di quei profitti originali in tasse?

Lavoreremo lunedì e martedì per noi stessi, ma lavoreremo mercoledì, giovedì e venerdì per il governo.

L'imposta diretta sui nostri stipendi è solo superficiale. La tassazione grava su tutto ciò che acquistiamo, anche sul cibo che compriamo nei supermercati. Sebbene alcuni paesi non addebitino l'imposta sulle vendite o l'IVA sui prodotti alimentari alla cassa, tale imposta è già incorporata nel prezzo di vendita. Le tasse sull'importazione, le tasse sui trasporti, le tasse sugli spazi commerciali, ecc., contengono tutte tasse dirette o indirette. A meno che tu non coltivi tutto da solo, ti verrà tassato.

Va peggio di così. Tuttavia, un'azienda crea un'incredibile quantità di tasse per il governo, in imposte indirette e dirette. Un business è come una slot machine che paga il governo per ogni giro, indipendentemente dal fatto che tu realizzi un profitto o meno. Le imposte dirette sono evidenti. Sono quelli di cui sarai già a conoscenza: l'imposta sulle società, l'imposta sulle plusvalenze, l'assicurazione nazionale o la previdenza sociale.

Ogni azienda con cui collabori aggiunge le tasse direttamente o le integra nei propri costi, le imposte indirette che hanno dovuto pagare per consegnare ciò che acquisti. Sapevi che oltre l'80% del prezzo che paghi per il carburante della tua auto è costituito da tasse? Come ti senti quando ti rendi conto che hai appena speso £ 100 per fare il pieno di carburante alla tua auto, ma il valore effettivo era solo £ 20?

Confronta il costo del diesel rosso. Al confronto attuale dei prezzi, nel Regno Unito questa settimana, il costo per litro di diesel rosso è di 52 pence al litro. Rispetto al diesel normale, che costa £ 2,00 al litro. Gli agricoltori utilizzano il diesel rosso, ma l'unica differenza è la quantità di tasse che il governo riscuote su ciascuna opzione. Rischi di essere sorpreso mentre usi il diesel rosso nel tuo veicolo e il *'crimine'* comporta una pesante multa e una potenziale pena detentiva. L'unico motivo per cui comporta una sanzione così pesante è perché un gruppo di truffatori ha bisogno di intimidirti per farti obbedire.

Non abbiamo nemmeno considerato le tasse sulla morte, sul patrimonio e sulla proprietà che tutti dobbiamo pagare.

Ma che dire di tutte le tasse generate come sottoprodotto della gestione della tua attività? Innanzitutto, hai l'IVA o l'imposta sulle vendite. Poi hai l'imposta sulle vendite che paghi ai tuoi fornitori. Tasse del personale: ciascuno dei tuoi dipendenti paga tasse e previdenza sociale. La tua catena di fornitura dispone anche di personale che paga tasse e previdenza sociale. Anche loro hanno la loro catena di fornitura, ciascuno dei quali paga l'IVA, le tasse sul personale, l'imposta sulle società, l'imposta sulle plusvalenze, l'imposta sui dividendi, ecc. Si acquistano veicoli con tasse su di essi, dazi all'importazione, tasse sul carburante, tasse sulle auto aziendali e benefit -tasse gentili. Non voglio annoiarvi con i dettagli riga per riga, quindi li riassumerò meglio che posso.

Ti faccio un esempio per renderlo più facile da capire. Prendiamo una piccola impresa media; per facilitare i calcoli, supponiamo che abbia un fatturato di 1 milione di sterline, anche se la cifra effettiva non ha importanza. Questa piccola impresa media genera ogni anno circa £ 800.000 in imposte dirette e indirette per il governo. Esatto, generi circa l'80% delle tue entrate totali in imposte dirette e indirette.

La piccola impresa media realizza un profitto netto del 10%, mentre il governo realizza l'80%. Se sei un piccolo imprenditore, devi chiederti: per chi lo stai facendo esattamente?

Capisco che questo sia piuttosto complesso per la media *"non finanziario"*.persona. Tuttavia, se possiedi una piccola impresa, riconoscerai alcune di quelle cifre che ho menzionato.

Non dirmi che il governo ti sostiene come piccolo imprenditore. *'Oh, ma Wayne, mi hanno dato un aiuto economico grazie al Covid'*. No, quello che hanno fatto è stato garantire il tuo rispetto della permanenza a casa. Ciò che hanno fatto è stato garantire che avrebbero continuato a essere pagati loro stessi. Oh, e comunque non lo era *'Soldi GRATIS'*. Il denaro del congedo viene pagato aumentando le aliquote fiscali di tutti. Quei prestiti COVID, che hanno appena caricato la tua azienda di debiti che non può permettersi, funzionano all'8% al di sopra del tasso base, ma indovina chi controlla quel tasso base? Esatto, lo fanno !!!

Ma se non avessero istituito questi *'strutture'*, nessuno rimarrebbe a casa, poiché senza un flusso di reddito in questo sistema artificiale, nessuno sopravvive - e *la non conformità non serve al*c'è interesse.

Potresti chiedere, *"Se nessuno pagasse le tasse, come potremmo prenderci cura dei più vulnerabili nella nostra società? E come paghiamo lo svuotamento dei contenitori?'*

La prima cosa che voglio chiarire riguarda i paesi esentasse. Come pagano per tutte le loro necessità? I paesi esentasse sono spesso anche i paesi più ricchi, ma come potrebbe essere se la fonte di reddito del governo non proviene dalla tassazione?

Per la mente convenzionale, non è facile da comprendere, soprattutto dopo così tanto lavaggio del cervello socialista negli ultimi decenni.

Questi paesi offrono programmi per incentivare e invogliare le famiglie e le imprese benestanti a stabilirsi nel paese. Le famiglie benestanti spendono molti soldi e le aziende creano posti di lavoro e investimenti, il che, in entrambi i casi, aumenta il flusso di denaro nell'economia di quel paese.

Ricordate, questo è ciò di cui abbiamo discusso all'inizio del capitolo: l'aumento del flusso di denaro riduce la povertà.

Se c'è più denaro che scorre, e non viene tolto dal tavolo dal governo, naturalmente, ogni *'giocatore'* nel gioco scorre più denaro. Dopo che tutti hanno più denaro che scorre attraverso di loro, la seconda strategia di questi paesi è a *"paga per quello che usi"* modello. In altre parole, se vuoi che i tuoi contenitori vengano svuotati, lo paghi. Ma se non hai i bidoni, non lo paghi.

Lo stesso vale per ogni ambito della vita, istruzione, sanità, ecc. Va bene se sei ricco, ma per quanto riguarda tutti gli altri, e come funziona nella pratica? Bene, immagina come funzionano le cose in un normale *"tasse elevate"* Paese. I tuoi bidoni vengono raccolti e pagati dal governo, con i tuoi soldi. Il governo agisce per tuo conto come agente di acquisto.

Il problema è che i governi sono molto inefficienti. In alcuni paesi, una parte di quel denaro serve a finanziare la corruzione; in altri, viene semplicemente inghiottito dalla burocrazia, dalle duplicazioni e dalle stronzate generali. Lo so perché ho trascorso la mia carriera fornendo servizi ai dipartimenti governativi e so esattamente come operano.

Nelle nostre aziende, potremmo fare offerte contro l'Organizzazione diretta del lavoro del governo (il loro team interno); la nostra offerta costerebbe la metà della loro e otterremmo comunque un buon profitto.

Se il governo fosse stato efficiente, sarebbe stato impossibile per noi farlo, soprattutto considerando che il nostro personale viaggiava quotidianamente verso la loro sede, soggiornava in hotel, ecc. Al contrario, il loro personale ha già sede in quella sede.

Ora, se vai all'azienda locale di raccolta dei rifiuti e chiedi che svuotino i tuoi bidoni, sarà costoso. Devono mandare un camion con due dipendenti, potrebbe fare un viaggio di 20 miglia andata e ritorno, devono smaltire i rifiuti e devono riciclare il resto. Ciò potrebbe costarti, ad esempio, £ 300 come individuo. Ma 295 sterline di quel costo saranno probabilmente costituite da spese indirette, come il tempo di viaggio, il prezzo del camion, i due dipendenti, ecc.

Ma se si collaborasse con tutti i vicini e si formasse una cooperativa di acquisto di massa responsabile di tutti i servizi condivisi, il costo potrebbe essere ridotto, diciamo, a 2 sterline ciascuno perché tutto il costo indiretto è condiviso tra 2.000 acquirenti invece che tra uno solo.

Acquistare qualsiasi cosa in grandi quantità significa che puoi accedere a uno sconto più significativo rispetto all'acquisto individuale.

Per comprendere il problema delle tasse, dobbiamo prima capire come funziona la maggior parte dei paesi. L'equivoco comune è che le nostre tasse finanziano cose come il sistema di welfare, la polizia, il sistema sanitario, le nostre strade, il nostro sistema di trasporti, ecc.

Questa bugia è stata diffusa per mantenerti nell'ignoranza. Se le persone sapessero che le loro tasse non servono a pagare infermieri, polizia e insegnanti, molti smetterebbero del tutto di pagarle.

Viviamo in un sistema finanziario basato sul debito. Questo è il motivo per cui prevedibilmente si verificano recessioni ogni quindici anni circa, proprio come un orologio. Una recessione avviene perché il denaro è stato tolto dalla circolazione. Quei soldi sono debiti.

Chi controlla il debito? Lo fanno le banche centrali. Ci viene detto che le recessioni avvengono a causa di alcuni *'cigno nero'* evento. Quando ti rendi conto che sono le stesse persone che controllano l'offerta di debito, cioè coloro che possiedono i cigni, inizi a vedere che nulla accade per coincidenza.

Le banche centrali non sono governi. Le banche centrali sono società private che prestano denaro ai governi. Quando paghi le tasse, quelle tasse pagano *interesse* sui debiti presi in prestito in un periodo precedente. Ma questi debiti hanno aggravato gli interessi per molti decenni.

Sapevi che il Regno Unito ha appena finito di pagare il debito preso in prestito durante la seconda guerra mondiale?

Penseresti che sia una coincidenza che anche le banche centrali finanzino molte guerre in tutto il mondo? È corretto; finanziano i guerrafondai, e poi finanziano la ricostruzione del paese dopo che è stato annientato. Si potrebbe dire che è nel loro interesse far sì che queste guerre avvengano. È un giochino molto contorto e malato; e ne stiamo pagando tutti i costi.

Quindi, se stiamo pagando solo il debito precedente, come vengono pagati gli infermieri, gli insegnanti, la polizia e le infrastrutture? Semplice: il governo si fa PIÙ DEBITO. Il governo prende in prestito più denaro, aumentando gli interessi che noi, le persone, dobbiamo pagare. È un modello che non è sostenibile; alla fine, il sistema implode.

Un'alternativa migliore al sistema attuale è eliminare del tutto la tassazione. Se hai mai giocato a Monopoli, immagina che ogni volta che "passi", invece di raccogliere £ 200, paghi invece £ 200. Ogni volta che passi Go, il banchiere toglie dalla circolazione £ 200 nel gioco. Il gioco non sarebbe durato molto a lungo. Togliere soldi dal gioco impedisce a chiunque di farlo *'investire'*. Meno investiti, più deboli e meno ricchi sono tutti all'interno di quella società.

Lo stesso vale per il nostro sistema fiscale governativo. Ogni volta che paghiamo le tasse, riduciamo la quantità di denaro circolante nel sistema. Quando la persona media ha denaro di riserva, acquista qualcosa con esso, va in vacanza, acquista un corso di formazione o lo investe in un bene. Continua a circolare. Un sistema che rimuove denaro dal gioco non è positivo per le persone all'interno di quel gioco.

Se sei abbastanza sfortunato da vivere in un paese che estorce denaro ai propri cittadini, è difficile attuare una soluzione alternativa senza finire in una cella di prigione. Questo libro è più come un ponte tra la distopia tirannica in cui viviamo in questo momento e la visione futura di ricostruire la società nel futuro utopico di cui tutti abbiamo bisogno. Spero che ne sceglierai uno con tassazione zero se scegli un paese per ospitare il tuo nuovo progetto comunitario o espandere la tua attività.

Ma nel frattempo, possiamo prendere in considerazione queste idee e utilizzare strumenti legali per ridurre le tasse che paghiamo in modo che una parte maggiore rimanga nel nostro sistema di circolazione locale.

Premiare la creazione di valore

In questa sezione discuteremo due concetti relativi a un diverso modo di pensare a come fluisce il denaro nel sistema locale e a come potremmo sostenere coloro che non possono aiutare se stessi.

Nel nostro esempio dell'isola, ottenere tutto ciò di cui abbiamo bisogno come comunità da un'isola è impossibile. Dobbiamo acquistare forniture dall'esterno della comunità, quindi abbiamo bisogno di qualcosa da scambiare.

Mentre nessuno lo farebbe *'lavoro'* nel senso tradizionale di *'ho bisogno di lavorare'*, le opportunità devono ancora essere investite. Il pool di manodopera verrebbe riorganizzato, con le persone magnetizzate verso le attività che preferiscono svolgere.
In questo sistema, c'è meno enfasi sul fatto che le persone vengano pagate nel senso tradizionale. Invece, potrebbero esserci più opportunità di ricerca di investimenti man mano che ogni persona intraprende il proprio vero percorso nella vita.

Il futuro della società è un futuro senza denaro. Potrebbe volerci un secolo per raggiungere quel punto. Tuttavia, se lo immagini, il denaro è solo un mucchio di numeri su uno schermo e comunque non esiste. Nella sua forma attuale, è un costrutto creato dall'uomo. E in realtà è un fattore limitante che ci impedisce di andare avanti. Pensa a quel corso di formazione a cui vuoi partecipare, che costa £ 10.000. Se riesci a mettere insieme quei soldi, quel corso potrebbe cambiarti la vita; potresti apprendere informazioni che hanno un impatto sulla vita di 1000 altre persone. Potresti incontrare il tuo futuro marito o moglie durante quel corso e avere quattro figli insieme. Il problema è che se sei disoccupato e non hai soldi, ciò non accadrà mai, e quindi nulla va avanti. Se quel corso non costasse nulla, perché non esistevano i soldi, ognuno avrebbe accesso al suo vero percorso di vita.

C'è un argomento secondo cui non diamo valore a ciò che è gratuito. Questo è vero, ma solo nel paradigma attuale. Vedi, se tutto fosse gratis, solo per te risuoneresti con le cose davvero. Se qualcuno ti regala un libro o un corso gratuito, se quell'argomento ti risuona e se ti interessa, non importerebbe quale fosse il costo; parteciperesti perché ti interessa. Nessuno utilizzerebbe mai la biblioteca locale se così non fosse.

Non diamo valore a ciò che è gratuito nel paradigma attuale perché veniamo venduti sui percorsi di altre persone. Ciò che intendo con questo è che vedi qualcuno che si è arricchito con il trading giornaliero di azioni, noti che stile di vita fantastico sta vivendo, vedi come ha prodotto un film che documenta la sua vita e ora è famoso. Quindi decidi tu, è quello che vuoi fare. L'idea di scambiare azioni nella tua vita non ti è mai venuta in mente finché non hai visto un film su quell'individuo.

Ecco come funziona il lavaggio del cervello. È anche il motivo per cui il 99% della popolazione sta inseguendo un percorso di vita mai pensato per loro. Quando quel corso di formazione viene offerto gratuitamente, perde il suo valore percepito perché non avresti mai voluto che iniziasse. Se fosse il tuo vero percorso di vita, il prezzo non importerebbe se te lo potessi permettere.

Inseguire il percorso di qualcun altro si riduce a inseguire qualcosa a livello subconscio. Stai inseguendo denaro, status o amore: il tuo subconscio crede che ti manchi amore o riconoscimento, quindi inseguiamo queste cose per riempire un vuoto. Tutto questo funziona sotto la superficie, ma ci raccontiamo storie per giustificarlo a livello di consapevolezza cosciente.

Prendiamo ad esempio il settore immobiliare. Negli ultimi due decenni, il settore immobiliare del Regno Unito è stato invaso da persone che sono diventate promotori immobiliari, investitori e formatori. Per la maggior parte, il motivo per farlo è farlo *"prendere soldi"*. Stanno inseguendo i soldi. Se potessi scegliere tra sedersi su una spiaggia o gestire gli inquilini, cosa sceglierebbero?

Se togli i soldi, la maggior parte delle persone sarà in risonanza con ciò che è chiamata a fare piuttosto che inseguire i soldi. Se i formatori fornissero tale formazione gratuitamente, vedremmo un rapido passaggio da quel percorso a qualcos'altro.

Spesso ci viene detto che il denaro è solo uno scambio per il valore che abbiamo fornito a qualcuno. Se ciò fosse vero, quanto valore attribuiresti al fatto che una persona disabile possa farsi la doccia? Nessuno vuole sedersi nella propria urina per settimane di seguito, vero? L'infermiera che fa questo lavoro sarebbe sicuramente miliardaria se questo concetto di scambio di valore fosse autentico. Viviamo invece in un mondo in cui un banchiere riceve un bonus equivalente a dieci anni di stipendio per quell'infermiera. Il banchiere ha fornito più valore dell'infermiera?

Immagina un mondo in cui le persone vengono ricompensate per il valore che creano per la società. Un luogo in cui invece di avere una lista dei ricchi del Sunday Times, abbiamo una "lista di creazione di valore", persone che potrebbero essere ancora molto ricche, ma tutta la ricchezza è stata creata contribuendo a migliorare la società piuttosto che sminuirla. Cosa accadrebbe se coloro che danneggiano la nostra società, coloro che realizzano grandi affari grazie alla massiccia dipendenza dal gioco d'azzardo, dall'alcol o dalla droga, invece di essere alcune delle persone più ricche del pianeta grazie ai loro guadagni illeciti, fossero invece incarcerati? Se così fosse, potremmo capovolgere la società attuale e vedremmo ogni badante del paese guidare supercar ad alte prestazioni per andare al lavoro. Nel nostro quadro di libertà, le persone vengono ricompensate per la creazione di valore.

Cos'è più prezioso per quella comunità? Cos'è più prezioso per le comunità vicine? Ecco come dovrebbe funzionare una vera società di libero mercato.

Energia

Questo capitolo esamina come possiamo finanziare il nostro progetto di profitto per scopo, sia esso una comunità privata, lo sviluppo di un resort o qualche altra impresa commerciale. Discuteremo anche come creare un'interessante opportunità di investimento e i fondamenti del veicolo di investimento.

Per oltre 13 anni ho ricevuto proposte da persone in cerca di investimenti. Attraverso questo processo, ho notato alcuni temi comuni in più di

1.000 diverse opportunità che ho esaminato. Durante questo periodo, ho anche costruito la mia rete con oltre 18.000 investitori di livello professionale e istituzionale, quindi capisco cosa rende un'opportunità di investimento attraente per un investitore esperto, e probabilmente è diverso da quello che pensi.

In questo capitolo ti presenterò i fondamenti di una valida opportunità di investimento. Senza attrarre investimenti esterni nel nostro modello, tutto questo non accadrà mai. Anche se utilizzeremo l'esempio della raccolta fondi per un resort alberghiero, gli stessi principi possono essere applicati a qualsiasi attività o progetto.

Storia del trading

Il capitale di investimento è generalmente scarso quando si investe nei paesi in via di sviluppo. La percezione della corruzione, della criminalità e una generale mancanza di trasparenza sono tutti fattori che rendono sempre più complesso raccogliere investimenti per i progetti.

Quindi, invece di raccogliere fondi per una nuova idea di avvio, sto solo considerando di raccogliere investimenti per un'azienda con una storia commerciale consolidata. Con una società consolidata, il processo di investimento sarà più semplice. Più un'azienda è grande e consolidata, il processo diventa ancora più semplice.

Se il progetto è in un paese con mercato di frontiera, dobbiamo renderlo quanto più attraente e a basso rischio possibile. Circa il 95% del capitale investito va a *'metà del mercato'* o investimenti di maggiori dimensioni. Quindi, a meno che tu non abbia un'attività con 20 milioni di sterline di profitti, stai prendendo di mira gruppi di capitale molto più piccoli. Per il resort alberghiero del nostro modello, anche se il resort sarà nuovo, o almeno rinnovato e aggiornato, la direzione del resort dovrà essere un operatore alberghiero affermato. L'attività è un resort termale a cinque stelle, quindi l'operatore alberghiero deve gestire anche un resort a cinque stelle già esistente altrove. Ci sono due ragioni principali per questo. Innanzitutto, sanno come dovrebbe essere l'esperienza dell'ospite e cosa si aspetta l'ospite dal suo tempo trascorso presso il resort.

In secondo luogo, come attività commerciale, avranno già un database di ospiti felici del passato a cui potranno vendere una nuova posizione. Ospiti che si sentono a proprio agio a spendere al livello richiesto da un resort a cinque stelle.

Tema

Mentre discuteremo *'Tema'* Nel contesto di un hotel per spiegare questo concetto, lo stesso vale per qualsiasi attività commerciale. Il tema riguarda la conoscenza dei tuoi clienti, la loro esperienza attesa e il modo in cui posizioni l'offerta sul mercato. Diamo un'occhiata a un esempio.

Ogni catena alberghiera tradizionale ha un tema. Potrebbero essere motel lungo la strada, hotel per conferenze, hotel aeroportuali o qualcosa di più specializzato. Quando vedi un hotel in difficoltà, non ha un tema. Ha bisogno di scoprire chi è, i suoi clienti e di cosa hanno bisogno. Non basta essere un albergo a quattro stelle. La classificazione è solo indicativa del livello dell'arredamento; non è un tema.

Senza un tema, l'azienda compete con l'intero mercato. Un hotel aeroportuale offre un'esperienza molto diversa rispetto a un resort sulla spiaggia per soli adulti. Le esigenze degli ospiti e le aspettative di prezzo sono molto diverse. Avere un tema riduce la concorrenza dell'intero mercato a competere solo con una manciata di attività simili.

Basare la propria attività su un tema significa identificare con precisione chi sono i propri clienti, di che tipo di offerta hanno bisogno e quale prezzo sono disposti a pagare. Ti consente inoltre di identificare i tuoi concorrenti sul mercato in modo da poter posizionare la tua attività e differenziarti da loro.

Marca

La prossima cosa per un resort alberghiero è avere un marchio legacy sopra la porta. Quando parlo di marchi legacy, intendo un marchio conosciuto tra i clienti target, indipendentemente dalla posizione. I marchi legacy sono i marchi iconici conosciuti in lungo e in largo, come *Sei sensi*, *Quattro stagioni*, E *Marriott*, tutti conosciuti e rispettati per il servizio che offrono agli ospiti nell'ambito di un'esperienza a cinque stelle. I marchi alberghieri tradizionali dei gruppi alberghieri locali o regionali più tradizionali non sono altrettanto riconosciuti dal pubblico; non hanno il riconoscimento del marchio necessario per attirare nuovi clienti.

Un marchio è più di un semplice logo. È il modo in cui i clienti percepiscono la tua attività, guidati dalla loro esperienza nel gestirla. Il logo è una piccola parte di come un cliente identifica il marchio. Un marchio alberghiero regionale o locale generalmente si applica solo ai clienti locali o regionali. Un investitore alberghiero di solito preferisce che un investimento alberghiero venga marchiato da uno dei marchi legacy perché attrae un livello di valutazione più elevato sul mercato.

I marchi storici hanno investito milioni di dollari in campagne per aumentare la notorietà del marchio e migliorare il riconoscimento del loro marchio, non solo tra gli ospiti passati ma anche per attirare ospiti da altri marchi storici. I marchi legacy non devono necessariamente essere globali; alcuni si concentrano inizialmente su un particolare continente, ma generalmente intendono espandere nel tempo tale portata fino a raggiungere una consapevolezza mondiale.

Possedendo un marchio legacy, è necessario avere un riconoscimento del marchio, se non a livello globale, sicuramente ben radicato nei continenti in cui sei presente. Per quanto riguarda i numeri di località, un marchio legacy deve offrire una varietà di località, con lo stesso stile di prodotto offerto in tutti i luoghi, indipendentemente dal paese o dal continente.

Il riconoscimento del marchio con investimenti in campagne PR può essere ottenuto quando si raggiungono dieci o più località in un continente. Un esempio è il *Gruppo Rocco Forte Hotel*, gruppo alberghiero a 5 stelle focalizzato principalmente sul mercato europeo.

Hotel Rocco Forte non sono un nome familiare tra i viaggiatori sudamericani, ma con oltre 15 resort europei, hanno sviluppato un marchio forte nel Regno Unito e in Europa. Rispetto al marchio Six Senses, ora di proprietà di *Gruppo alberghiero intercontinentale*, sono riconosciuti a livello più globale che *Hotel Rocco Forte*. Tuttavia, hanno ancora solo 26 sedi, sparse in gran parte del mondo.

Le opzioni per ottenere un marchio legacy sono:
1. Ottieni la licenza per un marchio affermato

2. Acquisisci più di 20 hotel in tutto il mondo, uniscili insieme e rinnovali secondo lo stesso standard.

Una terza opzione è lavorare con un marchio affermato in un altro settore. *Bulgari* è un esempio di azienda che ha fatto questo. Ciò dimostra come sia possibile trovare un marchio legacy in un settore trasferibile che parli allo stesso gruppo di clienti ed è probabile che si prenda una strada diversa per ottenere il marchio legacy.

L'altro vantaggio di un marchio tradizionale è che ha già un enorme database di fan e follower fedeli a cui può attingere. *Bulgari*, ad esempio, ha un vasto numero di clienti che acquistano prodotti di lusso. Quindi inserire un resort alberghiero di lusso nella loro linea di prodotti ha molto senso per loro, indipendentemente dal fatto che lo gestiscano.

Esg

Un grande motore e fattore di influenza degli investimenti ora è ESG (Environmental, Society, Governance). In alcuni ambienti, questo si chiama investimento a impatto. Gli investitori e i clienti vogliono sapere che il loro denaro sta migliorando il mondo. Sia le aziende che gli investitori hanno una direttiva e l'obbligo di investire in progetti e investimenti che supportino l'agenda ESG.

Indipendentemente dalle tue opinioni sul cambiamento climatico o su narrazioni simili correlate, se i tuoi clienti e investitori sono disposti a indirizzare il capitale verso un prodotto orientato ai criteri ESG, ha senso posizionare i tuoi requisiti di investimento in linea con questo e attingere ai fondi disponibili. Nessuno ha detto che devi iscriverti alle CBDC governative e avere un tracker digitale sul braccio, ma creare un business che lasci il pianeta in uno stato migliore è positivo. È ora che qualcuno dica ai giganti aziendali di ripulire tutti i loro rifiuti.

Squadra

Oltre alla gestione quotidiana dell'azienda, qualsiasi investitore ha bisogno di vedere un team di gestione di alto livello che guida l'azienda quando investe. Queste non sono le persone che hanno a che fare con i clienti o che gestiscono il personale. Di seguito è riportato il nucleo dirigente necessario:

Lo stratega visionario: Questa persona, che in genere ricopre il titolo di CEO, è responsabile della creazione del concetto e del fattore di attrazione di cui gli investitori vogliono far parte. Sono il motore della crescita del business.

Il Maestro della Consapevolezza: Tipicamente un CMO, il maestro della consapevolezza è responsabile di aumentare la notorietà del marchio presso clienti e investitori attraverso campagne di pubbliche relazioni, guerrilla marketing e campagna di sensibilizzazione del marchio

Il controllore: In genere, il COO è responsabile di prendere le grandi idee del CEO e di implementarle garantendo al contempo il corretto funzionamento dell'azienda.

Il governatore: Solitamente ricoperto dal titolo di CFO, questo è quello schietto e sensato. Non si scherza quando il Governatore è in città. Questa persona è responsabile della finanza dell'azienda, supervisiona tutte le aree di governance e garantisce che le cose siano sempre fatte correttamente.

Il Guru. Solitamente ricoprendo il titolo di CTO o Direttore tecnico, il Guru è responsabile di mantenersi aggiornato sulla soluzione e sulle ultime innovazioni del settore.

I consiglieri: Idealmente, vorresti un team esperto di consulenti per supportare il team dirigenziale senior. Si tratta di persone che hanno già percorso il percorso in cui si vuole arrivare ma che possono anche aggiungere influenza alla propria rete e aiutare il team a raggiungere il risultato desiderato. I consulenti hanno il compito di interrogare il senior management team, per garantire che l'attività continui a essere guidata nel migliore interesse degli azionisti e delle parti interessate in generale.

Le domande da porre per identificare il proprio consiglio di amministrazione potrebbero essere:
1. Chi ha già percorso lo stesso percorso prima?
2. Chi ha una connessione con i tuoi clienti target?
3. Chi ha una connessione con i tuoi investitori target?
4. Chi ha esperienza nella governance della tua tipologia di business?

Il Grande Papà: L'ultima persona da considerare è il presidente. Questo individuo è a tutto tondo nella maggior parte delle aree, ma la sua propensione è verso la crescita e la strategia. In genere fungono anche da coach per il senior management, in particolare l'amministratore delegato, per aiutarli a raggiungere il risultato desiderato. Tuttavia, la loro responsabilità ultima spetta agli azionisti.

Visione

Con una visione stimolante di dove vuoi andare, un investitore sarà ispirato a finanziare i tuoi sogni. Nessuno è interessato alle solite routine banali giorno dopo giorno. Un investitore vuole far parte di un viaggio stimolante che abbia un impatto sul mondo. La visione dovrebbe essere radicata nel luogo in cui ti trovi ora come azienda, ma anche condividere una brillante opportunità di dove puoi portare l'azienda. Sarebbe utile se tu avessi una strategia per raggiungere quel risultato quando hai la visione. Ho notato che troppe aziende si aspettano che sia l'investitore a fornire la visione e la strategia, ma il loro lavoro è diverso.
Il loro compito è fornire il carburante per missili e accelerarti in un viaggio che stai già percorrendo.

Ho condiviso alcune idee in questo libro, ma il nostro modello ha molti elementi in gioco. La maggior parte di questi pezzi sono attività autonome. Affinché tutto ciò funzioni, avrai bisogno di una visione del piano generale di come tutti i pezzi interagiscono e si incastrano insieme, visioni e strategie individuali per pezzi separati e un piano per dare vita a quella grande visione.

La confezione

Cosa rende un'opportunità attraente per un investitore? Questo si riduce a cinque punti fondamentali.

1. Il perché
2. L'uscita
3. I ritorni
4. La struttura
5. Il rischio

Il perché: A volte non è solo una questione di soldi. La maggior parte degli investitori vuole sapere che sta avendo un impatto sul mondo. Trovare persone che condividono la tua visione e il tuo scopo al di là di ciò che stai facendo renderà la proposta interessante.

L'uscita: Gli investitori devono sapere che potranno recuperare i loro soldi in futuro. Investiranno molto di più se sanno di poterlo ritirare rapidamente. Maggiore è la liquidità che puoi fornire nel veicolo di investimento, maggiore sarà il capitale che sarai disposto a contribuire.

I Resi: Cosa rende un buon investimento un ritorno? Forse il 5% all'anno? 10% all'anno? Il rendimento deve considerare diversi fattori: tempistica, livello di rischio, tassi di inflazione, liquidità e tasso di rendimento medio per altri investimenti.

La struttura: La struttura del veicolo d'investimento deve essere quanto più efficiente dal punto di vista fiscale. Idealmente è a *'passante'* entità a responsabilità limitata per gli investitori.

Se si struttura un veicolo di beneficenza o no-profit per ricevere donazioni, queste dovrebbero essere completamente deducibili dalle tasse per le aziende e, ove possibile, fornire un *'riaggiungere'* agevolazione per le donazioni ricevute da privati. Nel Regno Unito, questo *'riaggiungere'* si chiama struttura *"Aiuto ai regali"*.'. Il governo paga all'ente di beneficenza il 25% del valore totale della donazione con la struttura Gift Aid. Ciò rappresenta l'imposta sul reddito pagata dall'individuo, poiché qualsiasi donazione di beneficenza viene generalmente effettuata al netto delle imposte. L'entità dovrebbe inoltre avere sede in una giurisdizione con solide leggi in materia di trasparenza e governance.

Il rischio: Se si riesce a ridurre il livello di rischio a cui va incontro un investitore, ciò migliorerà l'attrattiva dell'investimento. Un modo per farlo è strutturare parte dell'investimento di capitale come debito e parte come capitale proprio. Ciò significa che in quanto detentore del debito dell'impresa, l'investitore riceverebbe una quota proporzionale di tutti i beni posseduti dall'impresa in caso di fallimento dell'impresa. In questo esempio, se il contributo del debito dell'investitore rappresenta il 50% del debito dovuto ai creditori, riceverebbe il 50% dei proventi della vendita di asset.

Una seconda opzione è quella di fornire all'investitore un privilegio, un onere o un'ipoteca sul bene in cui si investe, come una proprietà. In sostanza, un privilegio significa che possiedono quel bene. Un ultimo esempio di riduzione del rischio potrebbe essere un investimento graduale. Piuttosto che l'investitore che fornisce tutti gli investimenti di capitale il primo giorno del progetto, a *'prelievo'* viene fatto per l'investimento necessario immediatamente. Ciò può significare che il periodo di investimento richiede 12 mesi o più prima che tutto il capitale impegnato venga investito.

Commercializzazione delle risorse

Un'opzione per confezionare un accordo investibile è commercializzare una parte di ciò che già possiedi. Chiamiamo questa operazione commercializzazione di asset e, in termini semplici, significa prendere ciò che attualmente è un asset stagnante in bilancio o un centro di costo nell'azienda e commercializzarlo con una propria entità legale, per generare nuove entrate da esso. Questo processo lo trasforma da centro di costo a centro di profitto per la tua azienda.

Ho creato un video approfondito su questo processo, che puoi trovare sul mio canale YouTube o sul mio sito web. Tuttavia, il processo generale da seguire è identificare quali risorse o spese generali hai nell'azienda che potrebbero avere una domanda commerciale sul mercato. Questi beni o spese generali vengono trasferiti in un'attività controllata, attirando clienti e, nel tempo, generando profitti aggiuntivi da essi.

Esempio 1
Un'azienda impiega un piccolo team di professionisti delle risorse umane per fornire reclutamento e formazione a tutto il proprio personale. Questa piccola squadra rappresenta a

'non-core' spese generali per l'azienda. L'azienda crea una nuova attività controllata, trasferendo questo piccolo team nella nuova attività. La nuova attività, pur continuando a fornire supporto alle risorse umane all'azienda, attira altri clienti che necessitano di supporto per il reclutamento e la formazione.

Nel corso del tempo, la nuova attività è cresciuta fino a tre volte la sua dimensione originale. È diventato una risorsa per i suoi proprietari piuttosto che un costo. Il profitto generato dai nuovi clienti paga qualsiasi supporto HR di cui l'azienda proprietaria ha bisogno, il che significa che le spese generali sono ridotte a zero.

Esempio 2
Un edificio per uffici con spazio inutilizzato
Un'azienda ha sede in uno spazio ufficio troppo grande per le sue esigenze. La riorganizzazione dell'edificio e l'affitto dello spazio inutilizzato ad altri inquilini genera entrate aggiuntive, riducendo

significativamente i costi legati all'immobile. Ho già utilizzato questa strategia in precedenza, riducendo a zero le spese immobiliari.

Esempio 3

Proprietario terriero con terreno inutilizzato
Il terzo esempio è un proprietario terriero che possiede 100 acri di terreno inutilizzato. Supponiamo che non abbiano il capitale per investire e sviluppare il terreno per usi alternativi. Lavorando in collaborazione con un'altra azienda, creano una nuova attività sussidiaria per coltivare cibo e venderlo alla comunità locale. Questo processo fa guadagnare loro un nuovo flusso di entrate da una risorsa per la quale in precedenza non avevano alcuna utilità.

Identificare

Non esiste una categoria di investitori perfetti. Alcuni investitori sono invece interessati a particolari tipologie di investimenti, dimensioni, ubicazioni o settori. Quando cerchi potenziali finanziatori per il tuo progetto, ogni investitore si concentrerà su una categoria e una dimensione di investimento specifiche.

Ad esempio, i criteri di investimento di una società di private equity fittizia stabiliscono che investono in *'aziende tecnologiche di fascia media in Europa occidentale.'* Questo ti dà un quadro chiaro se sarebbero interessati al tuo tipo di opportunità.

In molte occasioni, quando trovi un investitore adatto come questo, contattarlo con l'opportunità non funzionerà. Poiché ricevono così tante proposte, in genere cercano presentazioni solo da parti fidate. Ciò aiuta a filtrare il 99% delle offerte che normalmente vengono proposte, poiché sanno che le parti fidate introdurranno solo qualcosa che è il tipo di opportunità che stanno cercando.

Quando si cercano investitori per il progetto alberghiero, ad esempio, alcuni investitori investono in diverse fasi del progetto. Il primo può investire nella terra nuda, creare un piano generale per il sito, ottenere tutte le licenze e le approvazioni e poi venderlo a uno sviluppatore. Altri investitori investono solo durante la fase di costruzione del progetto. Il terzo tipo di investitore solitamente investe dopo che il progetto è stato completato e l'hotel è stato stabilizzato, generando entrate.

A seconda della struttura, ciò potrebbe avvenire subito dopo il completamento e la consegna, laddove la proprietà viene gestita con un contratto di locazione commerciale tradizionale. In alternativa, potrebbe avvenire dopo che l'hotel avrà raggiunto la stabilizzazione, il che potrebbe richiedere 3-5 anni dopo il completamento del progetto e il tasso di occupazione avrà raggiunto il 70%.

Questo di solito si basa su un accordo di tipo partnership tra l'operatore alberghiero e l'investitore alberghiero. Questo perché il valore dell'edificio si basa sul profitto da esso generato. Massimizzare il profitto derivante dalle operazioni alberghiere il più velocemente possibile è la strategia migliore.

Idealmente, supponi di poter trovare un investitore che crede nella tua visione e nella ragione per cui realizzi il progetto. In tal caso, questo lo fornirà *'partner di investimento perfetto.* Potrebbero essere più flessibili riguardo alle loro aspettative o a come e quando il denaro viene investito nel progetto.

Progetto

Questo capitolo esaminerà i fattori più critici nella pianificazione della nostra comunità, dall'identificazione del sito perfetto alla revisione dei componenti del progetto.

Piano generale della comunità

Abbiamo bisogno di un ripensamento radicale del modo in cui utilizziamo le nostre proprietà. Dobbiamo ripensare a come trascorriamo il nostro tempo.

I blocchi dovuti al COVID ci hanno mostrato che è possibile lavorare da casa e non abbiamo bisogno di passare un'ora ogni giorno seduti nel traffico congestionato. Anche se non è stato perfetto, possiamo trarre alcuni aspetti positivi dall'esperienza. Lavoro da casa dal 2011 e ho capito cosa mi piace e cosa potrebbe essere migliorato. La tecnologia ha raggiunto un livello in cui possiamo realizzare la maggior parte delle cose lavorando in remoto, cosa che potrebbe essere completata in un posto di lavoro centrale.

Quale sarebbe il modo migliore di operare dal punto di vista immobiliare per il nostro *'isola'* concetto: una comunità su un'isola in mezzo all'oceano?

Da una prospettiva di alto livello, i requisiti di stile di vita degli occupanti determinano i bisogni della comunità. Dobbiamo conoscere e comprendere i nostri clienti per poter creare ciò di cui hanno bisogno.

Nel mio caso, penso di creare qualcosa che desidero perché molte persone condividono le mie esigenze di stile di vita.

Tuttavia, è meglio analizzare adeguatamente chi utilizzerà la comunità durante la progettazione. Generalmente lo faremo creando un avatar del cliente.

In senso lato, possiamo classificare queste esigenze in cinque tipologie di immobili:
1. Le prime case
2. Case di mezza età
3. Case per anziani
4. Proprietà per il tempo libero
5. Proprietà dell'area di lavoro

Questi cinque tipi sono progettati in base alle persone che li utilizzano. Man mano che invecchiamo, le nostre esigenze e il nostro modo di vivere cambiano, quindi soggiornare in una struttura progettata per le nostre esigenze di studenti di 20 anni non si adatterà al nostro stile di vita di 70enni in pensione.

Le prime case: Le prime case sono destinate a persone che vivono lontano dai genitori, fino alla nascita del primo figlio. Potrebbero ad esempio essere gli ambienti di co-living degli alloggi per studenti o le attuali HMO (House of Multiple Occupancy). Supponiamo tuttavia di considerare una nuova comunità. In tal caso, non credo che il prodotto HMO sia ottimo da incorporare nel piano. Sarai d'accordo con me se hai sperimentato la vita in questo ambiente.

La maggior parte degli HMO sono progettati per massimizzare il profitto del proprietario, mentre l'occupante è costretto a vivere in una scatola di fiammiferi con MOLTE altre persone. Alcune persone hanno paragonato questo tipo di ambiente di vita a uno squat. Questo modello è un terreno fertile perfetto per creare persone arrabbiate e frustrate, simili ai leoni in gabbia.

Raggruppando persone che la pensano allo stesso modo, possono accedere a persone con gli stessi interessi, costruire connessioni e lavorare insieme. Le prime case fungono da spazio di transizione, dal lasciare la casa dei genitori all'iniziare la casa di mezza età.

Case di mezza età: Le case di mezza età sono destinate a persone nella fase intermedia della vita, con o senza famiglia. Offrono più spazio vitale e connessioni con gli altri nella loro cerchia sociale. Raggruppando le persone nelle stesse aree, c'è meno bisogno di viaggiare per socializzare.

Case per anziani: Le case per anziani sono destinate a persone in età pensionabile. L'attuale soluzione per gli alloggi per l'età pensionabile non è eccezionale. Si tratta di villaggi per anziani, sotto forma di blocchi di appartamenti contenenti persone della stessa fascia di età, o di un'altra opzione, alloggi protetti e case di cura. I miei genitori hanno circa 65 anni, quindi rientrano nella fascia di età perfetta per i villaggi per anziani, ma quello è l'ultimo posto in cui vorrebbero andare in questa fase. Le soluzioni attuali sono più simili a un nastro trasportatore, dove le persone vanno mentre aspettano di morire.

Fin da quando ero bambino, l'idea era che lavori tutta la vita e poi, quando vai in pensione, fai ogni sorta di cose eccitanti, come fare crociere intorno al mondo ed esplorare posti. Pensare che i miei genitori andrebbero ad isolarsi in un piccolo appartamento con una camera da letto è lontano dalla verità. La tua età cerebrale è la media delle persone di cui ti circondi. Puoi restare con un gruppo di ottantenni che fanno puzzle e aspettano di morire, oppure puoi stare con i tuoi nipoti. Quale opzione ti farà vivere più a lungo e essere più felice?

Quando le persone vanno in pensione, devono mantenere la mente attiva. Rinchiudendosi in un appartamento per pensionati, è impossibile mantenere la mente attiva guardando quattro mura tutto il giorno, guardando la TV e facendo puzzle.

Le persone anziane non hanno bisogno di una casa con cinque camere da letto come 30 anni prima. Ma hanno bisogno di una casa su un unico piano, a pochi passi dalla famiglia e dalla cerchia sociale. Questa deve essere una casa a bassa manutenzione, tutta su un unico livello, ma qualcosa che assomigli a un elemento di svago.
I ruoli di queste persone nella comunità più ampia sono i seguenti *'mentori'* e guide per le altre fasce d'età. Una casa con due camere da letto con garage e giardino, con accesso alle cure a casa propria in caso di necessità.

Le case multigenerazionali sono qualcosa verso cui le persone si muoveranno nei prossimi due decenni. Così vivono le altre culture, ma la società occidentale se ne è allontanata nell'ultimo secolo, preferendo sempre più isolarsi. Ciò può comprendere tutto, dai tre tipi di cui abbiamo parlato, impacchettandoli in una casa abbastanza grande da ospitare tre o più generazioni di una famiglia.

Piuttosto che essere una casa indipendente in cui vivono tutti i membri della famiglia allargata, potrebbero essere tre o quattro proprietà all'interno di un terreno più grande. Questa opzione potrebbe funzionare meglio per coloro a cui non piace passare il tempo a stretto contatto con la suocera invadente.

Questo stesso risultato può ancora essere raggiunto all'interno di un villaggio privato senza comprimere tutti nello stesso appezzamento di terreno. Il villaggio privato è pensato per accogliere tutti e tre i gruppi raggiungibili in pochi minuti a piedi. Questo modello consente a tutti i membri della famiglia di mantenere il proprio livello di privacy.

Proprietà per il tempo libero: Gli immobili per il tempo libero sono essenziali quando si considera il *"comunità insulare"* modello. In primo luogo, apporta entrate esterne alla comunità da soggetti esterni, ad esempio attraverso un hotel, una spa o strutture sportive. In secondo luogo, crea uno spazio per l'intrattenimento e un motivo per riunirsi per la comunità, sia in un ristorante, un bar, sul campo da golf, o semplicemente in un luogo di incontro centrale come una piazza del paese, giardini, un parco o un luogo di musica. .

Impianti sportivi: Oltre ai luoghi di incontro, abbiamo anche dei bisogni da soddisfare. Dobbiamo riempire il nostro tempo con attività. Ciò potrebbe includere un tennis club, un campo da golf, un'area giochi per bambini, campi da calcio e rugby, campi da basket e uno spazio per eventi teatrali.

Poi dobbiamo pensare ad altre esigenze di fitness. Tutti nella comunità hanno bisogno di un modo per rimanere attivi e in forma. Ciò può essere ottenuto con una palestra, compresi percorsi pedonali all'aperto, piste ciclabili e piste da corsa. Se il paesaggio lo accoglie, potrebbe essere qualcosa di più unico, come una parete da arrampicata.

Spazio di lavoro: Successivamente, dobbiamo pensare a come lavoriamo ogni giorno. L'attuale modello di recarsi presso l'ufficio di un'azienda o di lavorare da casa a tempo pieno non è la risposta a un problema sul posto di lavoro. Avere un hub in stile co-working all'interno della comunità è probabilmente il compromesso ibrido tra i due estremi in cui si trovano attualmente i paesi occidentali.

Questo spazio di lavoro ibrido deve essere facilmente raggiungibile a piedi dalle abitazioni e adiacente allo spazio comunitario centrale, il che incoraggia il flusso e l'attività delle persone in quell'area pubblica centrale. All'interno dello spazio di lavoro, ciò potrebbe includere il concetto di scrivania condivisa di uno spazio di coworking tradizionale e più spazio ufficio privato per coloro che lo desiderano. Potrebbe anche disporre di spazi per riunioni e conferenze e strutture che possano essere visitate da altri provenienti dall'esterno della comunità, creando così ulteriori flussi di entrate per il progetto.

Nell'ambito del nostro modello a lungo termine di investimento nelle imprese locali, questo spazio di lavoro potrebbe anche essere uno spazio incubatore per coloro in cui abbiamo investito. Ciò creerà più posti di lavoro anche per gli indigeni locali.

Se combiniamo questo concetto di spazio di lavoro con lo spazio educativo, cambiare il nostro modello educativo cambierebbe radicalmente il modo in cui utilizziamo lo spazio e quanto spazio è necessario. Ma se anche l'asilo o la scuola fossero accanto al nostro ufficio, avrebbe più senso, soprattutto considerando la visione più omogenea dell'apprendimento di cui parleremo negli altri capitoli del libro? In definitiva, supponiamo che la settimana lavorativa sia cambiata in settimane di quattro giorni e che il quinto giorno sia utilizzato per l'apprendimento e l'istruzione continua.
In tal caso, lo spazio di lavoro tradizionale potrebbe essere riutilizzato come spazio educativo, il che significa che non avremmo bisogno di edifici aggiuntivi dedicati esclusivamente all'istruzione. Il concetto centrale attorno alla proprietà dello spazio di lavoro è quello di eliminare il tempo di spostamento quotidiano pur essendo un'alternativa migliore al lavoro da casa.

Centro comunitario: Uno spazio comunitario sostenibile deve includere tutti gli aspetti di una comunità funzionante. Molti concetti di comunità privata si concentrano solo su un particolare design o stile di un'unità abitativa, dimenticando tutto ciò che fa funzionare una comunità. Ciò è in parte intenzionale a causa del costo aggiuntivo per la creazione di questa infrastruttura di supporto.

In secondo luogo, a meno che tu non abbia esperienza nella progettazione di città, è semplicemente qualcosa a cui non pensi finché non ti svegli nella tua nuova comunità e non hai nessun posto dove andare.
Il terzo motivo per cui vengono omessi è che le persone fanno affidamento sul governo per fornirli.

Oltre ad unità abitative adatte alle diverse fasce d'età, sono necessari anche spazi comuni per incontrare gli amici. Anche gli hub comunitari sono importanti, che si tratti di un municipio o di uno spazio centrale per eventi. Nell'economia dei villaggi del Regno Unito, i pub hanno servito a questo scopo per secoli perché hanno agito come luogo di incontro centrale per i membri della comunità.

Strutture mediche: Anche se potresti essere in grado di utilizzare le strutture mediche vicine alla tua comunità, se queste non sono disponibili o se hai creato la tua comunità su un'isola fisica reale, avrai bisogno di supporto medico di emergenza.

Puoi collaborare con altre comunità o *'isole'*, condividendo una struttura centrale. Potrebbe trattarsi solo di un piccolo edificio utilizzato per il trattamento dei problemi più critici, come i morsi di serpente o il pronto soccorso di emergenza. Questo argomento richiede una seria considerazione su come gestire qualsiasi situazione medica.

Orto: Se coltiviamo il nostro orto all'interno della comunità, sarà necessario tenere conto di questo ulteriore fabbisogno di spazio, così come di un'area di crescita e di un'area di stoccaggio e preparazione. Questo può avere un duplice scopo:

come luogo in cui i membri della comunità possono incontrarsi o rilassarsi nella natura.

Layout del piano generale: Mentre molte persone hanno sentito parlare dell'uso del feng shui nei loro edifici per creare meglio *'fluire'*, pochi hanno sentito parlare della geometria sacra e dei suoi benefici. Invece di usare la geometria sacra su un singolo edificio, però, la usiamo per progettare l'intera struttura della comunità. Numerosi studi e ricerche hanno dimostrato che questo è salutare per tutti i suoi occupanti e può aumentare i raccolti di crescita alimentare, laddove una comunità coltiva il proprio cibo.

Pianificazione della capacità: Considerando l'intero progetto come un piano di sviluppo di 100 anni, ciascuno con le sue fasi di sviluppo, dobbiamo progettare capacità extra di crescita ed espansione. Anche se molte comunità sono progettate tenendo presente le esigenze odierne, se il progetto ha successo ed è veramente sostenibile, le persone rimarranno lì a lungo termine e faranno crescere le loro famiglie. Ciò potrebbe portare la comunità ad ospitare tre o quattro generazioni della stessa famiglia.

Con quattro generazioni che vivono nella comunità, ciò significa una crescita 8 volte maggiore se ogni generazione avesse due figli. Pertanto, la capacità di far crescere la comunità di 8 volte è un fattore di progettazione critico per fare una scelta veramente sostenibile e a lungo termine.

Selezione del sito

Successivamente, dobbiamo considerare la posizione. Se hai già un sito, alcuni fattori saranno fuori dal tuo controllo. I fattori di cui parleremo sono quelli che consideriamo quando selezioniamo la posizione dell'hotel. Tuttavia, le stesse regole forniscono anche una buona base per lo sviluppo della comunità. Questi non sono elencati in ordine di preferenza.

Tassazione: Quanto è attraente la posizione ai fini fiscali? Quali incentivi ci sono per attrarre investimenti nell'area? Esistono zone economiche speciali che potrebbero essere utilizzate? Diamo un'occhiata ad altri luoghi a livello globale, come gli Emirati Arabi Uniti.

Grazie all'implementazione di forti incentivi agli investimenti, milioni di investitori hanno creato residenze e vi hanno investito negli ultimi trent'anni.

Oltre alla tassazione relativa agli investimenti, consideriamo anche eventuali tasse che potrebbero essere appropriate dopo l'investimento. La posizione è favorevole per avviare un'attività lì? Quali tasse vengono imposte a un'azienda? Tassa di importazione? Tassa di esportazione? Imposta sulle vendite? Tasse sul datore di lavoro? L'imposta sulle società? Tassa sulle plusvalenze? Tutto ciò determina l'attrattiva del luogo per la creazione di una comunità o di un'attività commerciale lì. E le tasse personali? Se investiamo in imprese locali, ciò potrebbe influire anche sulle nostre aliquote fiscali. Se le aliquote fiscali individuali sono elevate, ciò limita l'attrattiva dell'opportunità e, di conseguenza, la quantità di denaro che verrà investita.

Residenza: La prossima cosa da considerare sono le opzioni di cittadinanza e residenza. Supponiamo di costruire un hotel, investire in un'attività o creare una comunità.
In tal caso, idealmente vorremmo la possibilità di ottenere la cittadinanza, o almeno la residenza a lungo termine, con la possibilità di ottenerla in seguito. Le isole dei Caraibi ricevono così tanti investimenti grazie ai loro programmi di cittadinanza e residenza. Combina tutto ciò con una tassazione bassa e avrai creato la base perfetta per attrarre capitali esteri.

Stabilità politica: Il criterio successivo che cerchiamo è la stabilità politica. Il Paese è stabile o sta attraversando una guerra civile? Mi sono state offerte molte opportunità in luoghi paradisiaci. Tuttavia, in questi casi il governo ha una stabilità politica molto bassa. Spero che questi paesi si risolvano da soli e si presenti l'opportunità di investire.

Bassa criminalità: Uno dei problemi crescenti è se sia sicuro visitare un luogo particolare. Nel Regno Unito la criminalità è in aumento. Le bande stanno invadendo le strade di alcune città, i truffatori sono costantemente un passo avanti e i pedofili si stanno infiltrando nel nostro sistema educativo.

Ecco perché è così importante trovare un luogo con un basso livello di criminalità. Diverse piattaforme pubblicano dati sui livelli di criminalità in ciascuna area; una piattaforma è Numbeo, che pubblica l'indice di criminalità e sicurezza, consentendoti di effettuare ricerche per città, paese o paese. Questo divide diversi tipi di crimine in singole categorie, con ciascuna categoria classificata separatamente.

Ad esempio, le statistiche sugli omicidi sono classificate in modo diverso rispetto alla corruzione. Condivide i dati reali anziché limitarsi a presentarli in modo simile a un sistema di classificazione della classifica. Ciò ti consente di vedere quanto la gente del posto percepisce la sicurezza dell'area. Questi dati riportano il numero di reati ogni 1.000 abitanti presenti nella zona.

La maggior parte delle persone afferma che alcuni paesi sono pericolosi senza visitarli o senza visualizzare i dati. Ad esempio, tutti i paesi africani sono percepiti come molto pericolosi basandosi esclusivamente sulle storie dei media occidentali. Tuttavia, ci sono paesi in Africa di cui probabilmente non hai mai sentito parlare e che sono tra i più sicuri al mondo.

Uno degli svantaggi dei paesi in via di sviluppo è l'alto livello di corruzione. Anche il punteggio di corruzione dovrebbe essere basso ma, anche se non è l'ideale, escluderebbe dalla lista molti paesi altrimenti perfetti. Sto ancora cercando di capire il motivo della corruzione, ma ho sentito di qualcuno fermato dalla polizia in Ghana per eccesso di velocità. L'agente di polizia in questione ha suggerito all'autista di pagargli l'equivalente di 7 dollari americani e di dimenticarsi completamente dell'incidente. Per il poliziotto, questa somma avrebbe probabilmente sfamato la sua famiglia per alcuni giorni, ma per il turista occidentale era solo spiccioli. Ciò non accadrebbe così frequentemente se alla gente del posto venissero offerte opportunità decenti e non avrebbero voglia di dedicarsi alla criminalità.

Elevata domanda dei clienti: qualsiasi attività che creerai o in cui investirai nella nuova sede della comunità avrà bisogno di accedere all'elevata domanda dei clienti.
Se esporti prodotti, l'azienda deve accedere a questi clienti. Ad esempio, se esporti chicchi di caffè, avrai bisogno di un facile accesso per trasportare i chicchi. Se non disponi della logistica e delle infrastrutture, sarà difficile fin dal primo giorno. Allo stesso modo, se stiamo cercando siti per un resort alberghiero, è vitale una località con un'elevata domanda turistica per la nostra offerta di prodotti. Ha bisogno anche di infrastrutture di supporto, comprese altre attrazioni e attività

turistiche. Anche se non puoi garantire la conclusione di una vendita, puoi verificare che le persone desiderino acquistare il tuo tipo di offerta in quella località.

Inoltre, è essenziale verificare la domanda per la tua offerta specifica. Ad esempio, quando esaminiamo le località per un resort, vogliamo trovare un posto che abbia già almeno un resort a cinque stelle, idealmente uno dei marchi legacy. Puoi essere un cercatore di frontiera e creare la prima attività di questo tipo nella nuova posizione, ma questo presenta un rischio molto maggiore.

Per avere successo, un ricercatore di frontiera potrebbe dover fare da solo gran parte della promozione del settore o del paese che altrimenti sarebbe stata fatta dai tuoi predecessori. Creare la domanda dei clienti partendo da zero potrebbe comportare l'investimento di milioni di dollari in pubblicità televisive e campagne di marketing. Questo è ciò che fanno i governi e i marchi legacy.

Questo processo aggiuntivo significa un periodo molto più lungo affinché l'azienda possa raggiungere la fase di stabilizzazione, dove può generare entrate sufficienti per pagare i costi di gestione.

Accesso alle risorse: Oltre ai prodotti fisici e ai materiali da costruzione, un'altra risorsa preziosa di cui abbiamo bisogno sono le persone con le giuste competenze ed esperienza. Potremmo avere grandi ambizioni nel creare un capolavoro architettonico. Tuttavia, se avremo bisogno di più competenze per svilupparlo a livello locale, dovremo portare quelle competenze da altrove.

Dove troveremo la forza lavoro se non quella proveniente dalla popolazione locale?
Allo stesso modo, se realizzassimo il progetto su un'isola in mezzo all'oceano, come potremmo portare quelle risorse sull'isola? Ogni volta che devi coinvolgere risorse esterne, siano esse persone o prodotti, ciò aggiunge enorme complessità e costi

al progetto e altri incubi logistici come l'organizzazione dei visti, ecc.

In passato, la nostra azienda era coinvolta nella costruzione di una scuola su un'isola remota al largo della costa occidentale della Scozia. Il progetto si trovava a poche miglia dalla terraferma ma non disponeva di traghetti per raggiungerlo. Ciò significava trasportare tutto e tutti su un piccolo peschereccio, quindi movimentarlo fisicamente dalla barca al molo e quindi trasportare a mano tutte le attrezzature, i materiali e gli strumenti da costruzione per circa mezzo miglio fino al luogo del cantiere. Rispetto alla realizzazione dello stesso progetto sulla terraferma, i costi e il tempo necessari sono stati circa otto volte maggiori.

Gli stessi principi si applicano a un progetto alberghiero. Dopo la costruzione, l'hotel deve essere gestito da persone esperte, come chef e personale dirigente. Sebbene la popolazione locale possa essere formata in questi ruoli, ciò richiede tempo, quindi nel frattempo deve essere ricoperta da un pool di manodopera esterno se tali competenze non sono già presenti nella comunità. In questo esempio, dobbiamo considerare anche la logistica coinvolta nel portare queste risorse dall'esterno. Dove vivrà una squadra di chef? Sarà necessario costruire alloggi separati per queste persone o risorse?

Infine, nella zona è disponibile un programma di formazione, ad esempio un istituto tecnico, che possa aiutarvi a formare nuovo personale?
In caso contrario, potremmo dover creare la nostra scuola di formazione, creandola come parte di un ecosistema di supporto più ampio.

Tasse di importazione: Ne abbiamo già parlato, ma un fattore essenziale nella scelta del luogo è quanto potrebbe costare importare i materiali.
Sebbene il nostro modello sia quello di acquistare quanto più possibile dalla popolazione locale, è

probabile che articoli o attrezzature specifici non siano disponibili presso la popolazione locale. Ad esempio, mobili, attrezzature per cucine commerciali e veicoli devono essere importati da un altro Paese. Quante tasse verranno pagate su questi articoli quando li importiamo? Trovare un luogo con tasse di importazione basse è un fattore significativo.

Infrastruttura adatta: Anche se sembra ovvio, per un'attività alberghiera abbiamo bisogno delle infrastrutture essenziali. Viaggiare per 100 miglia dall'aeroporto di un paese potrebbe richiedere giorni o settimane senza strade. Lo standard minimo è una strada sterrata, ma queste tendono a essere spazzate via o a diventare impraticabili durante la stagione delle piogge. Una strada asfaltata è uno standard eccellente da cercare.

Il prossimo pezzo di infrastruttura vitale è un aeroporto internazionale. La località ha un aeroporto raggiungibile velocemente oppure è raggiungibile solo in barca?

Che si tratti di costruire progetti o gestire un hotel, se ci vogliono tre giorni per raggiungere lo snodo dei trasporti più vicino, le possibilità di successo del progetto diminuiranno notevolmente.

Infine bisogna pensare ai voli diretti. Da dove provengono i clienti/investitori target? Se le persone acquistassero una delle case nella nostra nuova comunità, dove risiedono già e in quali paesi potrebbero voler viaggiare per gli impegni quotidiani e di vita lavorativa? Avere voli diretti da queste località è molto importante.

Posso solo parlare delle mie preferenze, ma non mi piace molto il processo di viaggio quando vado da qualche parte. È una tale perdita di tempo; è noioso e scomodo. Se sto viaggiando da qualche parte, voglio arrivarci il più velocemente possibile, senza problemi e nel modo più conveniente possibile. Odio aspettare; Odio la necessità di spostarsi tra diverse forme di trasporto.

Lo scenario ideale per me è volare da un punto all'altro ed essere dove devo essere, idealmente impiegando non più di 8 ore nel tempo di viaggio totale. La necessità di aspettare nelle lounge di viaggio mentre aspetto un volo in coincidenza o un altro mezzo di trasporto è semplicemente frustrante. Avere un volo diretto è il criterio minimo per i nostri progetti.

È essenziale che le persone possano arrivarci facilmente con il minor numero di connessioni possibile. Ho pensato di viaggiare in alcuni paesi dal Regno Unito; viaggiare in Africa, un paese, potrebbe richiedere 8 ore di volo diretto, mentre un paese vicino senza volo diretto può impiegare 30 ore, collegandosi attraverso vari altri paesi lungo il percorso.

Infine, essere a meno di 90 minuti dall'aeroporto internazionale alla tua posizione è essenziale anche quando ti trovi in un paese. Supponiamo che non ci sia nulla di adatto in quel raggio di viaggio. In questo caso è fattibile spingerlo a un raggio di viaggio di due ore.

Tuttavia, questo probabilmente deve essere il limite e dovrebbe anche essere valutato rispetto al tempo totale impiegato nel viaggio dai paesi di partenza.

Burocrazia ridotta: Le economie occidentali sono considerate favorevoli al fare affari, ma questo sta diventando meno comune. Negli ultimi dieci anni abbiamo assistito all'insinuarsi di sempre più burocrazia e burocrazia, con la nuova legislazione che ha reso complesso e più costoso il funzionamento delle piccole imprese.

Questo è un esempio da cui altri paesi meno sviluppati possono trarre vantaggio. Industrie specifiche necessitano di normative per proteggere le persone e per proteggere tutti dovrebbero essere seguite buone pratiche di igiene alimentare e salute e sicurezza. Tuttavia, le normative e la legislazione non devono spingersi troppo oltre, poiché sono create per generare ancora più lavoro e costi per le imprese. Supponiamo di utilizzare altre località al di fuori delle economie occidentali come punto di riferimento adeguato.

In tal caso, posti come Singapore e gli Emirati Arabi Uniti offrono un prezzo basso *'nastro rosso'* ambiente in cui svolgere la propria attività. Naturalmente, potrebbe esserci una correlazione diretta tra tasse elevate e molta burocrazia.

Forte sistema legale: Qualsiasi luogo prescelto dovrebbe avere un sistema giuridico solido e trasparente. Ad esempio, quando si acquista una proprietà in un paese straniero, dobbiamo garantire che nessuno possa rubarla o confiscarla.

Supporto dell'industria: Quando investiamo o creiamo un'impresa, vogliamo sapere che esiste un ecosistema di supporto che ci aiuta; non vogliamo creare tutto ciò di cui abbiamo bisogno partendo da zero. Tutti i settori hanno normative e linee guida specifiche da seguire, ad esempio, e vogliamo sapere se tali pratiche sono corrette in quel luogo. Se stiamo costruendo una proprietà, dovremo rispettare le normative e le leggi edilizie locali. Se un paese non dispone di queste linee guida di base, è in una fase troppo precoce e presenta un alto rischio di fallimento.

Ne ho visto un esempio su un'isola dei Caraibi. Qualcuno si era costruito una villa di considerevoli dimensioni circa dieci anni prima. Pochi anni dopo, qualcuno acquistò il terreno accanto e costruì un grande stabilimento industriale. Nel mondo sviluppato, questo non accade perché le leggi sulla zonizzazione impediscono alle persone di costruire ciò che vogliono in luoghi specifici. Questo è un livello fondamentale di regolamentazione che deve essere messo in atto, che considereresti una funzione di supporto. Non vorrai costruire un hotel a cinque stelle e poi trovare qualcuno accanto che inizi a estrarre il carbone.

Un altro esempio di sostegno del settore è avere associazioni di settore per ogni tipo di attività nella tua zona. Mi piacerebbe, ad esempio, che nascesse un'associazione per aiutare le imprese del settore alberghiero. Tuttavia, vorrei anche vedere creato un dipartimento governativo per sostenere il settore promuovendolo attraverso varie campagne di marketing. Lo vediamo in paesi come il Ruanda, dove il loro *"Visita il Ruanda"* la campagna promuove attivamente il Paese come destinazione.

Atteggiamento verso le opportunità: Il prossimo è qualcosa su cui non troverai mai statistiche. Culture diverse hanno atteggiamenti diversi nei confronti delle opportunità. Nelle economie occidentali, ad esempio, le persone trovano scuse per non fare le cose. Al contrario, nei paesi più in via di sviluppo, la mia esperienza in questi luoghi mostra che le persone generalmente hanno a *'possiamo fare qualsiasi cosa'* atteggiamento. L'atteggiamento del Regno Unito nei confronti delle opportunità è stato negativo per molto tempo.

Circa 25 anni fa, ho lavorato con qualcuno che, quando gli ho presentato l'opportunità di lavorare insieme su un progetto, ha rifiutato l'idea con, *'Chi ti credi di essere? Non sei Richard Branson'.*

Questo atteggiamento riassume oggi il pubblico britannico; solo una piccola percentuale di persone è disposta a "elevarsi al di sopra della propria posizione". Pertanto, è essenziale trovare un luogo con il giusto atteggiamento nei confronti delle opportunità. Determinerà anche se riesci a trovare personale adatto e motivato e una catena di fornitura che ti aiuti.

Un Paese in cui la popolazione vive con un reddito garantito, come il reddito di base universale, ridurrebbe la spinta a ottenere qualsiasi cosa nella vita.

Bassa concorrenza: Abbiamo discusso della comprovata domanda per le offerte di prodotti delle nostre aziende, ma dobbiamo anche considerare quanta concorrenza esiste già. Una forte concorrenza significa lottare per acquisire clienti, con margini di profitto potenzialmente bassi. Un esempio di questo è Mauritius.

La maggior parte dei resort alberghieri di Mauritius sono resort a cinque stelle. Quasi tutti i marchi storici a cinque stelle sono presenti lì. Ciò rappresenta una forte concorrenza perché stai combattendo con sedi consolidate per essere visto da nuovi clienti. Ora puoi creare qualcosa di molto di nicchia all'interno della tua offerta di prodotti, rendendola una destinazione meno dipendente dal commercio turistico generale, ma questo è un argomento per un altro libro.

La scelta della località ideale dovrebbe avere quella domanda comprovata come quella di Mauritius, ma avrà una bassa concorrenza. È un delicato equilibrio tra i due. Il sottoprodotto è un ecosistema di personale e aziende di supporto che esistono già perché supportano già quelle attività esistenti.

Ecosistema di investimento: Idealmente, dovrebbe esserci un ecosistema di investimento di supporto, ad esempio una borsa con requisiti di trasparenza e audit. Ciò fornisce un veicolo per la creazione di un veicolo quotato in borsa, che rende più facile attrarre investimenti esterni. Offre trasparenza e la capacità di investire in società, sia in una fase precedente che successiva, come società quotata in borsa. Ecosistemi in fase iniziale come Mauritius hanno creato la loro borsa e, ancora una volta, possiamo capire perché sono uno dei mercati più attraenti della regione africana in cui investire.

Nessuna imposta sull'esportazione o sulle vendite: Per attrarre entrate per il nostro modello, le aziende che creiamo o in cui investiamo fanno affidamento su entrate esterne a tale ecosistema locale. Ciò significa che le tasse sulle esportazioni devono essere basse, idealmente pari a zero. Inoltre, le imposte sulle vendite devono essere basse o pari a zero. Uno dei maggiori problemi per settori come quello dell'ospitalità è che le aziende non competono solo con i concorrenti locali;

competono anche con aziende di altri paesi, il tutto basandosi esclusivamente sull'importo dell'imposta sulle vendite o *"tassa di soggiorno"* viene aggiunto alla fattura del cliente in ciascuna giurisdizione.

Supponiamo che un paese sia più economico del 10%, grazie ad un'imposta sulle vendite più bassa. In tal caso, attirerà entrate da questi clienti che altrimenti avrebbero potuto viaggiare in quel paese più costoso. Un governo deve giocare sul lungo termine per attrarre investimenti esterni. Il compito lungo per un dipartimento fiscale governativo è incoraggiare gli investimenti, incoraggiare la spesa, creare posti di lavoro, creare circolazione monetaria e smettere di cercare di strangolare la gallina prima che abbia deposto le uova.
Se il denaro circola nell'economia, le persone acquistano cose dall'interno di quell'economia. Ma strangolate l'economia e non avverrà alcuna circolazione di denaro. Invece, i flussi di denaro verso luoghi che possono pensare a un livello di coscienza più elevato.

Assistenza governativa: Anche se generalmente non sono un fan dei governi, sono sempre disponibile a lavorare con un governo che abbia la lungimiranza di vedere il quadro più ampio e lavorare per conto del miglior interesse delle persone. Nella situazione attuale, avremo bisogno di un certo livello di interazione con il governo per raggiungere i nostri obiettivi. Ciò significa che siamo propensi a cercare un luogo in cui il governo locale sia motivato ad aiutarci a raggiungere ciò che desideriamo.

Ad esempio, di recente ho contattato diversi funzionari governativi in varie nazioni africane, cercando il loro aiuto per aiutarci a localizzare le imprese locali nel loro paese. Dei sei paesi che ho contattato, solo due hanno risposto.
Il primo rappresentante mi ha detto che dovevo incaricare un consulente di compilare un elenco di attività adatte. Il secondo rappresentante, invece, mi ha inviato gratuitamente un elenco di attività commerciali locali. Possiamo vedere da questo

esempio quale è il più probabile che ci offra l'assistenza di cui abbiamo bisogno per raggiungere i nostri obiettivi nel caso in cui dovessimo investire in quei paesi.

Risorse naturali e ambiente: È essenziale, quando si considera una località o un sito, capire quali risorse naturali e quali vantaggi presenta, sia in quel sito che rispetto alla più ampia comunità locale. Ad esempio, com'è il clima? È un deserto arido, una foresta pluviale tropicale o un clima freddo e nevoso? Quante ore di luce solare riceve il sito ogni giorno? Ha una fonte di acqua corrente pulita, come un ruscello o una cascata, a cui puoi attingere?

Come sono i livelli del vento? È adatto l'utilizzo del vento per alimentare la tua comunità? Il vento è troppo forte?
Costituirebbe una minaccia per i vostri edifici e infrastrutture? Quali eventi meteorologici si verificano nella località? Ad esempio, si trova nella

fascia degli uragani, soffre di cicloni, c'è il rischio di tsunami o c'è un vulcano attivo nelle vicinanze? Viene colpita dai terremoti? Dispone di rifornimento di acqua di mare?

C'è legname sul sito? Quali fonti di cibo ha il sito? Che tipo di terreno è presente? Potrebbe essere tutta sabbia. Sarà possibile coltivare qualcosa nel terreno o bisognerà considerare qualcos'altro?

Tipi di terreno: Qual è la consistenza del terreno? È sabbia, è terra, è argilla, è torba o è palude? O forse è rock. Ogni tipo di terreno offrirà vantaggi e svantaggi, a seconda dei tuoi piani. Sebbene la roccia fornisca una base solida su cui costruire, se devi livellarla o scavare sotto il livello della superficie, sarà un lavoro lungo e costoso quello di scalpellare la roccia.
Allo stesso modo, mi è stato offerto un posto in una posizione paradisiaca vicino alla spiaggia. Il problema era che il terreno era tutto sabbia. Anche se non è impossibile costruire sulla sabbia, come in

altri luoghi come Dubai, è molto più costoso costruire su questa superficie.

Un ultimo punto è chi possiede i diritti minerari sulla terra. L'ultima cosa che vogliamo che accada è costruire un villaggio privato, e poi arriva qualcuno e inizia a scavare per cercare petrolio perché possiede i diritti sulla terra. Chi ha i diritti sulla zona marina circostante se il sito è vicino alla spiaggia? Qualcuno può erigere una piattaforma di trivellazione petrolifera proprio di fronte al tuo resort?

Supporto al turismo: Se si prevede di costruire un hotel o un resort con spa, l'ubicazione supporterà questo tipo di attività? Ad esempio, le attrazioni locali offrono agli ospiti qualcosa da fare? Com'è lo scenario? È vicino a una spiaggia o nel mezzo di una città urbana?

Requisiti di dimensione: Successivamente, dobbiamo considerare la dimensione richiesta del sito. È abbastanza grande per quello di cui abbiamo bisogno? A titolo indicativo, dal nostro punto di vista, se stiamo considerando un resort alberghiero, il nostro obiettivo è costruire un resort con un massimo di 100 chiavi. Le dimensioni delle camere sono generalmente di 60-150 metri quadrati ciascuna, con aree pubbliche della stessa dimensione della superficie totale della camera, come regola pratica di base. Nel caso di realizzazione di una spa, questa avrà una superficie minima di 1.000 mq. Poi bisogna considerare lo spazio esterno.

Per un villaggio privato, generalmente consideriamo che il villaggio contenga circa 100 case e 100 appartamenti. Oltre alla superficie dell'abitazione dobbiamo includere gli spazi per i servizi e la zona centrale del villaggio. La densità deve essere bassa con tutti i nostri sviluppi. Ad esempio, non voglio vivere in una casa in cui le proprietà si affaccino l'una sull'altra nello sviluppo. Ciò significa concedere almeno un ettaro di terreno per ogni casa. Se costruiamo un campo da golf, generalmente occorrono circa 200-300 acri per il campo standard e altre strutture che vogliamo creare.

Inoltre, abbiamo bisogno di un sito abbastanza grande da ospitare le funzioni di supporto; ad esempio, dobbiamo considerare il *'back-office'* ruoli di un villaggio o resort alberghiero, come la lavanderia e l'officina di manutenzione. Abbiamo anche bisogno di spazio sufficiente per coltivare cibo, generare elettricità e gestire il trattamento dei rifiuti. In linea generale, stiamo cercando un sito con almeno 1.000 acri per un villaggio privato, compreso un resort.

Se convertiamo un sito esistente, deve essere abbastanza grande da potersi espandere. Ad esempio, supponiamo di trovare un resort alberghiero esistente che possiamo aggiornare. In tal caso, l'hotel deve avere una capacità di terreno sufficiente per espandersi fino a 100 chiavi e ospitare tutte le strutture precedentemente menzionate senza sentirsi troppo sviluppato.

Supponiamo che un governo si allinei ai criteri stabiliti in questo capitolo. In tal caso, la sua gente sarà molto più felice con i leader del paese. Gli investitori hanno questi requisiti, quindi un governo può soddisfarli o continuare con gli stessi problemi che ha da secoli.

Ottimizzato

Questo capitolo esaminerà le componenti infrastrutturali del progetto, compresi gli edifici, la produzione di energia, le fonti idriche e lo smaltimento dei rifiuti, da una prospettiva di sostenibilità.

Proprietà

Il riparo è uno dei bisogni fondamentali dell'umanità. Quel rifugio può essere una tenda di tela o una capanna di tronchi di montagna.

Raggiungere questo bisogno fondamentale comporta due problemi.

In primo luogo, la persona media non può permettersi una proprietà a meno che non si indebiti. Il debito incatena l'individuo a una vita di schiavitù. Il secondo problema è il prodotto, di cui parleremo adesso.

Quando parliamo di *'il prodotto'*, si intende la proprietà effettiva. Hai notato quanto siano mal costruite le nuove case al giorno d'oggi? Pareti sottilissime dividono stanze in cui a malapena riesci a inserire i mobili, figuriamoci vivere. I giardini sono minuscoli, circondati da una fragile recinzione di pannelli di legno di 2 metri, su cui si affacciano tutte le case sulla strada.

Nel Regno Unito, abbiamo complessi residenziali in cui le proprietà sono così fitte che è a malapena legale chiamarle *'distaccato'*. La casa vittoriana media ha stanze più grandi dell'intera superficie di queste case di nuova costruzione.

Devo essere l'unica persona sul pianeta ad avere un problema con quanto siano diventati brutti gli edifici negli ultimi 50 anni: brutte scatole quadrate senza carattere. Alla ricerca di architetti per il mio progetto, ho esaminato con delusione circa 800 studi e i loro progetti passati. Che fine ha fatto l'architettura, che si occupa di creare splendidi edifici? Un bambino di tre anni potrebbe progettare un edificio con più carattere rispetto alla maggior parte delle aziende che ho esaminato. Il settore dell'architettura ha perso la passione per il lavoro?

A molte persone non piacerà che lo dica, ma il 95% degli architetti che ho esaminato avevano progetti standard - scatole quadrate di base - insipidi, senza carattere e brutti, con zero immaginazione. Perché non creare qualcosa a cui puoi essere orgoglioso di mettere il tuo nome? Non vogliamo scatole noiose; vogliamo edifici caratteristici dai quali possiamo sentirci ispirati.

Attraversa la maggior parte delle città storiche del Regno Unito e vedrai un sacco di orribili e brutti edifici lungo la maggior parte delle strade principali.

Nelle città mercato storiche, dove ti aspetteresti di vedere edifici antichi, questi sono stati lasciati a decadere mentre erano circondati da edifici costruiti negli anni '70, '80 e '90, tutti in uno stato di rovina, con pochissima manutenzione mai eseguita su di essi.

Ci sono alcune eccezioni. C'è una piccola minoranza di città e villaggi in cui i pianificatori hanno costretto i costruttori a costruire edifici ben progettati in linea con il patrimonio immobiliare esistente. Tuttavia, questi tendono ad essere nelle località più costose perché suppongo che credano che il resto del paese sia proprio il luogo in cui vivono i contadini.

Metodi e materiali

Nella nostra comunità insulare, non abbiamo risorse di riserva da sprecare per il mantenimento e la ricostruzione, duplicando i nostri sforzi più e più volte.

Invece di considerare solo il costo iniziale della costruzione iniziale, dobbiamo considerare l'intero costo del ciclo di vita della nostra scelta dei materiali. Ciò significa che, invece di installare qualcosa con una garanzia di 12 mesi, è l'opzione più economica. Invece installiamo qualcosa con una garanzia di 30 anni che potrebbe costare il 10% in più ma non necessita di manutenzione continua.

Utilizzando un metodo di calcolo dei costi del ciclo di vita, misuriamo il costo iniziale, i costi di manutenzione continua e i costi di sostituzione su un periodo fisso, ad esempio, di 100 anni, nonché eventuali costi aggiuntivi o indiretti che potrebbero avere, come un maggiore utilizzo di energia. Quando consideriamo il costo del ciclo di vita di ogni opzione, consideriamo quali effetti la nostra scelta potrebbe avere su altri elementi della costruzione o sul nostro piano generale in generale.

È divertente: ho guardato a *Grandi disegni* episodio in TV qualche mese fa. In questo episodio, qualcuno si è costruito una casa che era *"neutro dal punto di vista energetico"*.
In questo modo, l'aveva progettato in modo che non avesse bisogno di riscaldamento o raffreddamento e la sua fonte di energia provenisse da un pannello solare, quindi gli costò ZERO gestire il suo edificio. Se è possibile farlo per una casa, il modello può essere adattato a tutti gli edifici di una comunità. Tutto si riduce a progettare gli edifici con la giusta intenzione.

Il costo di costruzione degli edifici si ridurrà in modo significativo con l'ingresso della robotica nel settore. La transizione alla robotica non avverrà immediatamente; passerà prima a un modello di costruzione interamente fuori sede/modulare, consegnato attraverso una linea di produzione, simile a come vengono costruite le automobili. Mentre scrivo, nel 2024, il percorso di produzione modulare viene adottato in modo massiccio nelle nuove costruzioni.

Man mano che questo modello verrà perfezionato, assisteremo lentamente all'introduzione della robotica, proprio come abbiamo visto con la produzione automobilistica negli anni '90. Nelle economie occidentali, la componente manodopera del processo di costruzione costituisce una parte significativa del costo totale di costruzione. Quando la robotica assumerà interamente il controllo del processo, ridurrà i costi di costruzione dell'80%, con una casa costruita in giorni anziché in mesi se costruita in modo tradizionale.

Ciò comporterà la perdita di posti di lavoro nel settore edile? No, probabilmente no, perché il settore edile soffre da almeno 30 anni di una colossale carenza di personale. Durante ogni recessione, sempre più persone lasciano il settore per lavori meglio retribuiti e, attualmente, stiamo assistendo alla generazione dei baby boomer che lasceranno il settore entro il 2030.

Anche se non sono un fan del settore delle costruzioni modulari, offre ai lavoratori edili una qualità molto bassa di esperienza lavorativa e varietà, essendo essenzialmente una forza lavoro temporanea fino a quando la robotica non sarà abbastanza potente da prendere il sopravvento completamente.

Se dovessi fornire consulenza al settore edile, consiglierei di passare alla produzione modulare fuori sede o di specializzarmi in una delle nicchie dell'edilizia in cui la robotica non può entrare in questo momento, come il restauro di edifici storici.

Alla fine, la robotica sostituirà ogni ruolo manuale. Tuttavia, concentrarsi sulla conservazione degli edifici è un po' come nel settore dei servizi automobilistici specializzati, dove ci sono officine specializzate di nicchia che restaurano auto d'epoca o eseguono tuning specialistico delle prestazioni. Guadagnano molto più denaro di un garage standard che potrebbe fornire servizi più generali come ispezioni e riparazioni dei veicoli.

La prossima evoluzione del processo di costruzione è il passaggio alla stampa 3D. Ciò significa allestire una maschera in cantiere, dove verrà installata una stampante 3D *'stampa'* l'edificio. In caso di successo, vedremo questo modello essere utilizzato più facilmente entro il 2030. Ciò rimuoverà gli elementi rimanenti dei costi legati al trasporto e ai materiali.
Se una tale tecnologia potesse essere utilizzata su così vasta scala, ciò potrebbe rendere superfluo il settore edile, come lo conosciamo attualmente. Alla fine, l'edificio sarebbe libero dopo aver pagato l'attrezzatura per la stampa 3D, i suoi materiali di partenza (la stampante *'inchiostro'*) e il terreno. Così com'è *'stampato'* sul posto non ci sono

nemmeno costi di trasporto e con questo modello è possibile costruire una casa in meno di tre giorni.

Il nostro spazio vitale

Sapevi che la ricerca dice che il nostro ambiente determina la nostra mentalità, e la nostra mentalità determina come funziona il cervello e come percepiamo il nostro mondo?

Pensi che sia solo una coincidenza che quelle comunità dei centri urbani, le case popolari fitte, le aree senza giardini, siano anche quelle con i lavoratori meno pagati, i più alti tassi di criminalità e i più alti livelli di problemi di salute mentale? Prendi l'analogia del giardino. Se non hai una bella vista o una bella *'veduta'* dalla finestra della tua cucina, forse non avrai un *'bella prospettiva'* verso le tue aspirazioni di vita. Il sistema è progettato per sopprimere gran parte della popolazione, pensando in piccolo e preoccupandosi della propria esistenza nella ruota del criceto.

Ho vissuto in questo ambiente due volte durante la mia vita adulta: in due città separate del Regno Unito. Entrambe le volte il mio stato mentale è crollato; era un'energia molto densa, come se qualcosa mi spingesse giù. È una sensazione bizzarra da descrivere. Pensare a lungo termine o con un senso di visione o chiarezza è stato impegnativo e i miei pensieri erano annebbiati.

Non leggeresti questo libro se vivessi ancora in una di quelle case adesso. Allo stesso modo, se riesco a vedere per chilometri quando mi trovo in un luogo con uno scenario aperto, le mie idee fluiscono continuamente.

Pertanto, qualsiasi soluzione immobiliare deve includere zone giorno di buone dimensioni, giardini di buone dimensioni e molta privacy. Seguendo la metodologia del feng shui, qualsiasi spazio di lavoro dovrebbe anche essere diviso tra le cinque aree di flusso per consentire alle persone di lavorare al loro livello ottimale di prestazioni.

Rovina continua

Il terzo problema con l'attuale patrimonio immobiliare e il metodo di costruzione è che sono progettati per garantire lavoro futuro per il settore dell'edilizia e della manutenzione delle proprietà.

Attraverso una manutenzione costante e una sostituzione continua, i costi del ciclo di vita degli edifici sono enormi e ci impediscono di raggiungere tali obiettivi *"libertà di proprietà"* aspiriamo. Lasciate che vi faccia un esempio.

Durante la mia carriera, sono stato coinvolto in vari progetti di sviluppo immobiliare, dalla costruzione di nuove case, alla ristrutturazione di hotel, alla costruzione di uffici, alla costruzione di scuole o alla ristrutturazione di antichi manieri e castelli. Ho notato qualcosa di molto diverso tra questi vecchi edifici e quelli costruiti più recentemente. Gli edifici storici necessitano di molta meno manutenzione nel corso della loro vita. Un esempio sono le finestre. Molti di questi edifici hanno gli infissi originali montati dal giorno in cui furono costruiti 300 anni fa.

Rispetto agli edifici più moderni, nonostante la regolare manutenzione, le finestre sono marce e dovranno essere sostituite in meno di 30 anni. I miei genitori costruirono una casa nel 1995 e, nonostante la regolare manutenzione degli infissi, 20 anni dopo almeno due di quegli infissi erano marci. Avresti potuto optare per le finestre in PVC, ma il PVC durerà 300 anni? Cosa facciamo con tutta quella plastica di scarto quando arriva comunque il momento di sostituirla?

Questa costante necessità di mantenere i nostri edifici, siano essi residenziali, commerciali, industriali o agricoli, è come fare due passi avanti e uno indietro, essere sempre trascinati indietro dal fare progressi quando dovremmo essere in grado di costruirli e poi dimenticarcene.

A volte ho la sensazione che i materiali che siamo costretti a utilizzare siano progettati per creare quel carico di lavoro di manutenzione continuo. Ciò mantiene la macchina economica in crescita, il che fa aumentare i prezzi e spinge alla necessità di prendere in prestito ancora più debito.

Nel 2018, un'azienda tecnologica mi ha contattato, cercando investimenti per sviluppare ulteriormente un nuovo prodotto su cui stavano lavorando. Avevano creato un prodotto che non necessitava di manutenzione per tutta la sua durata. Questo prodotto era un sistema antincendio commerciale. Per il contesto, un sistema antincendio commerciale viene generalmente installato in edifici commerciali come hotel, uffici, case di cura, ecc. e viene utilizzato per rilevare incendi negli edifici.

Questi sistemi generalmente necessitano di essere mantenuti e testati regolarmente, e le singole parti durano meno di dieci anni.

Ciò ha creato il suo settore specializzato, di cui facevamo parte in precedenza, con la nostra attività di appalto, quindi capisco perfettamente questo prodotto.

Quando l'azienda si è rivolta a me, ero ancora convinto che il modo tradizionale di fare le cose fosse il migliore e che, se questo prodotto fosse stato lanciato al mainstream, avrebbe spazzato via un intero settore, lasciando migliaia di ingegneri disoccupati. Credevo che il prodotto sarebbe stato dannoso per la razza umana.

Sei anni dopo, penso che eliminando la necessità di una manutenzione regolare si riducano i costi per le aziende in cui viene utilizzato. Invece di pagare la manutenzione, un'azienda può investire i risparmi in altre aree di business.

Ciò elimina il peso dei costi dalla nostra vita quotidiana. Molti dei nostri sistemi sono progettati per creare un costo o una dipendenza continua, poiché questo è l'unico modo in cui i sistemi esistenti possono sopravvivere. Hanno bisogno di continuare a nutrirsi.

Eliminare questi impegni finanziari continui ci consente di vivere a un costo molto inferiore. I costi inutili sono solo ulteriori catene che ci tengono incatenati al sistema. Se il nostro hotel non deve sostituire parti, l'azienda genera più profitti, che possono essere reinvestiti in altri progetti. Ancora più importante, non stiamo inviando i nostri soldi in una terra lontana, a beneficio di qualche entità aziendale senza volto. Il denaro resta locale.

Considerando il potenziale impatto sulla disoccupazione che questa pratica avrebbe, ci vorrà molto tempo *'nuovo'* pratiche da attuare. Alla maggior parte delle persone non piace il cambiamento, soprattutto quando comporta un costo significativo di sostituzione.

In questo esempio di sistema antincendio, sono necessari 15-20 anni per essere pienamente implementato nella maggior parte degli edifici commerciali. Consideriamo l'alto livello di pensionamento e di persone che si riqualificano verso altre carriere rispetto al numero molto basso di nuovi entrati in carriera. Probabilmente non c'è un problema di disoccupazione.

Non ci sarebbero costi se non avessimo bisogno di mantenere i nostri edifici. Possiamo investire quei soldi in modo più proattivo per migliorare la nostra vita.

Edifici intelligenti

Gli edifici intelligenti sono positivi per l'umanità e per la nostra missione di libertà? Mentre i controllori vi venderanno un quadro glorioso di come gli edifici intelligenti e le città intelligenti siano parte di una società utopica, io vi dirò la verità. Chiunque affermi che le città intelligenti sono fantastiche non capisce la tecnologia o il motivo per cui viene implementata. Le città intelligenti non sono a tuo vantaggio come cittadino. Si concentrano sulla sorveglianza e sul controllo.

Anche se vengono presentate come una soluzione per migliorare il flusso del traffico e ridurre le emissioni di carbonio, non abbiamo bisogno delle auto a guida autonoma per essere liberi.

Abbiamo bisogno di meno persone che cercano di controllarci, dicendoci come dovremmo vivere, agire o essere. La teoria di un edificio intelligente può essere buona, ma può anche essere altrettanto terrificante quanto il suo più grande zio smart city. Immagina un frigorifero che riordina automaticamente il tuo cibo, così non devi andare al supermercato. Sembra bello, ma cosa succederebbe se quel frigorifero fosse l'unico accesso al cibo che hai e un giorno smettesse di riordinarlo per te? Sembra una fantasia? Questa tecnologia esiste già, ma per funzionare è necessario sviluppare una rete intelligente.

La rete intelligente e coloro che la controllano possono dettare se quel dispositivo può funzionare quando ne hai bisogno. Lo stesso vale per la TV, i dispositivi intelligenti, lo smartphone e persino per l'accesso a Internet.

Se sei stato un cattivo agli occhi del governo, spegnere il tuo dispositivo dal mondo esterno è molto semplice. Ciò può anche significare chiudere il tuo conto bancario. In definitiva, i dittatori governativi, insieme ai loro finanziatori aziendali, vogliono il controllo completo sulla popolazione schiava. Non hai voglia di lavorare oggi? Darsi malato? Non preoccuparti; avranno un'app collegata alla tua pelle per dirgli se stai mentendo. Sfortuna, faresti meglio a metterti al lavoro a meno che tu non voglia perdere qualche privilegio.

Ci sono però dei vantaggi per gli edifici intelligenti. Tuttavia, esistevano molto prima che si parlasse di città intelligenti o IOT (Internet of Things).

Quindi, dove tracciamo il confine tra ciò che è buono e ciò che è cattivo? Il modo più semplice è dire che qualsiasi sistema di controllo, dispositivo o sensore collegato al mondo esterno non va bene e dovrebbe essere evitato. Tutto ciò che è interno dovrebbe andare bene.

Consideriamo alcuni esempi utili. Che ne dici dei sensori che spengono le luci quando non c'è nessuno in giro? Risparmiano elettricità e non possono essere controllati esternamente (a meno che non siano collegati al Wi-Fi). Se tu puoi controllarlo dal tuo telefono, possono farlo anche loro!!!

Che ne dici di un sistema di aspirazione che aspira le briciole dal tappeto utilizzando un sensore nel battiscopa per rilevare quando oggetti estranei sono caduti sul tappeto. Ciò significa che non dovrai mai più aspirare. Questa sarebbe una buona cosa; ti libera tempo da queste banali attività di manutenzione e non c'è motivo per cui sia connesso al mondo esterno.

Per quanto riguarda i sistemi domestici intelligenti, è meglio evitare una rete Wi-Fi e tutto ciò che si connette al Wi-Fi. Se hai bisogno di una connessione Internet per lavorare o guardare la TV in streaming, è meglio utilizzare una linea cablata che puoi scollegare.

Il Wi-Fi fa male alla salute perché emette un campo elettromagnetico. Ciò significa che anche qualsiasi cosa che emette campi elettromagnetici dovrebbe essere posizionata su quello *'elenco dei cattivi'*, e essere trattato con cautela o evitato del tutto. Come molti già sanno, i nostri telefoni cellulari sono altrettanto dannosi per noi. Eppure continuiamo a portarceli tutto il giorno nelle nostre tasche, friggendo letteralmente i nostri organi riproduttivi.

Gli auricolari wireless adottati sono altrettanto dannosi per la nostra salute. Se le persone continueranno a utilizzare questi dispositivi, vedremo un massiccio aumento dei casi di tumore al cervello. Se vogliamo andare ancora più in profondità, anche i cavi elettrici intorno alle nostre case emettono campi elettromagnetici.

Il tessuto edilizio

La prossima cosa a cui dobbiamo prestare attenzione è la struttura dell'edificio. Con cosa è costruito l'edificio e qual è il metodo di costruzione? Un moderno metodo di costruzione utilizzato nei paesi occidentali è la costruzione di case passive. In teoria, la casa deve essere ermetica in modo che il calore non possa fuoriuscire.
Il problema con questo metodo è che l'edificio diventa così ermetico che nulla può entrare e nulla può uscire. Ora, non appena si aggiunge umidità allo spazio interno, attraverso la respirazione, gli indumenti bagnati, gli asciugamani bagnati, facendo la doccia, ecc., improvvisamente si ha

umidità all'interno dell'edificio che non può fuoriuscire, creando successivamente muffa.

Ora, gli entusiasti sostenitori di questo metodo di costruzione diranno che finché è presente e funzionante un buon sistema di ventilazione, la muffa non causerà problemi.

Il problema con questo presupposto e la mia tesi è che si basa sul fatto che il sistema di ventilazione funzioni sempre perfettamente per il resto della vita dell'edificio. Quando un componente del sistema di ventilazione si rompe, l'umidità si attacca e non può fuoriuscire. Con quale frequenza noti se il ventilatore del tuo bagno funziona al massimo delle sue capacità?

Sono disponibili metodi di costruzione alternativi migliori che lasciano respirare il tessuto edilizio in modo naturale. Ciò significa che l'umidità può lasciare l'edificio senza causare problemi di umidità o muffa. La costruzione in canapa è solo un metodo, ma esistono molti altri modi naturali per costruire. Oltre ad essere più salutari per gli occupanti dell'edificio, sono anche più sostenibili e non danneggiano l'ambiente.

La canapa industriale ha molti usi. Oltre a costruire edifici, può essere utilizzato per produrre materiali isolanti, sapone, abbigliamento, bioplastica e fonti alimentari. Oltre 25.000 prodotti diversi vengono realizzati utilizzando la canapa.

Il quadro energetico

Il problema con l'attuale sistema di approvvigionamento energetico è che è stato sviluppato per rendere estremamente ricco un piccolo gruppo di persone.
Interi settori sono stati finanziati, sviluppati e radicati nella nostra vita quotidiana. Quando sono stati scoperti modelli o fonti energetiche

alternative, queste sono state soppresse, rubate o semplicemente messe fuori mercato.

Alla fine del 1800, Nikola Tesla inventò un dispositivo per creare elettricità gratuita. Come per tutte le invenzioni, avevano bisogno di finanziamenti per diffonderle nel mondo. Così Nikola Tesla ha collaborato con Thomas Edison nel tentativo di ottenere finanziamenti e presentare la sua invenzione al mondo. Sfortunatamente, Thomas Edison non stava battendo per la stessa squadra, e già nelle tasche di J.P Morgan e John Rockefeller, hanno rubato i brevetti dalle invenzioni di Nikola Tesla, poi li hanno soppressi, per non essere visti fino a poco tempo fa. Ciò è accaduto perché JP Morgan e John Rockefeller erano i principali proprietari dell'industria petrolifera e non volevano che nessuno entrasse e portasse via il loro regno fornendo dispositivi energetici gratuiti.

Lo stesso è successo innumerevoli volte con altre invenzioni e attività commerciali che lo hanno fatto *'stato sepolto'*. Naturalmente, di recente hanno utilizzato tattiche molto più segrete, introducendo una legislazione che rimuove potenziali start-up e disgregatori dal mercato, limitando chi può competere.

Anche l'attuale sistema dei brevetti è concepito in questo modo: pratiche burocratiche infinite, avvocati costosi, burocrazia, lunghi processi di presentazione e approvazione e ostacoli legislativi da superare. Ciò comporta un costo iniziale sostanziale, quindi qualsiasi *'piccolo inventore'* non può permettersi di ottenere brevetti. A volte, anche persone provenienti da settori concorrenti approvano o rifiutano il processo di approvazione del brevetto.

Poi abbiamo i sussidi sul mercato, forniti dai governi e dalle ONG, che rendono le cose ancora più difficili *'un'alternativa'* competere. Prendi l'esempio di *Tesla* automobili. Come azienda, *Tesla* non ha mai tratto profitto dalla vendita dei suoi veicoli. Eppure, è una delle aziende più preziose del pianeta.

L'unico motivo per cui è sopravvissuto così a lungo è dovuto ai sussidi e ai contratti governativi che ha ricevuto. Ottiene questi sussidi solo perché *WEF* e organizzazioni simili promuovono la loro agenda sul cambiamento climatico.

I veicoli elettrici esistono da oltre un secolo. Le prove fotografiche mostrano che le auto erano alimentate dall'elettricità alla fine del 1800. Ancora una volta, questi furono soppressi da gruppi che controllavano gli interessi petroliferi. Quindi, la tecnologia è rimasta di basso profilo, anche se possiamo notarla facilmente semplicemente guardando un carrello da golf o i carri del latte degli anni '60 e '70. Non sono un sostenitore dei veicoli elettrici, ma utilizzo questo esempio per dimostrare come le soluzioni vengono soppresse a meno che non sia adatto all'agenda di qualcuno promuoverle, normalmente come un altro strumento di controllo.

Supponiamo che nuove e migliori tecnologie vengano messe su un terreno di parità senza che tutte le tecnologie siano disponibili *'ordine del giorno gradevole'* sussidi.

In tal caso, vedremo un quadro molto diverso. Attualmente, supponiamo che la tua soluzione avvantaggi l'agenda di qualcun altro. In tal caso, riceverai innumerevoli sussidi e sostegno. Tuttavia, se non serve tali interessi, il tuo concorrente riceverà invece quel supporto.

Se osserviamo come viene fornita attualmente l'energia, prendiamo come esempio il gas. Viene prelevato dal terreno e convogliato in un impianto di trattamento dell'energia. Il gas viene acceso e bruciato, generando elettricità. L'elettricità viene distribuita tramite cavi e nei nostri edifici. L'ho semplificato molto, ma hai capito il punto.

I costi coinvolti in tale processo sono:
1. Trovare la fonte del gas (esplorazione)
2. Tubazioni del gas

3. Attrezzature per la conversione da gas a energia elettrica
4. Cablaggi per distribuire energia elettrica
5. Manutenzione del sistema
6. Imposta sulla fornitura

Le prime quattro parti di questo processo furono pagate molti decenni fa. Non abbiamo bisogno di continuare a pagarli cinquant'anni dopo. Il punto cinque comprende la sostituzione periodica delle apparecchiature. È qui che si collocano i costi nel sistema attuale.

Con il punto sei, una parte considerevole di ciò che paghiamo per la nostra energia è costituita dalle tasse pagate al governo. Non hanno fatto nulla per questo, ma si sono presi la parte del leone delle entrate. Ti sembra giusto o sembra che qualcuno si stia prendendo per il culo? Quando dico che non fanno nulla per guadagnarselo, dimentico di dire che hanno creato il monopolio (lo chiamano legislazione) per mandare avanti l'intera truffa mafiosa.

Se un soggetto esterno ha il controllo centralizzato sulla nostra fornitura di energia, può chiederci un riscatto. Il calore e il cibo sono due dei bisogni fondamentali dell'uomo. È facile controllare una popolazione se controlli i suoi bisogni di base o, in questo caso, la sua fornitura di energia.

Sapevi che oltre un miliardo di persone non hanno nemmeno accesso all'elettricità? Come potrebbe essere possibile il futuro dei veicoli elettrici se il 20% della popolazione non dispone di elettricità?

L'obiettivo finale è eliminare le persone dalla povertà energetica. Possiamo farlo rendendo l'energia gratuita o a costi molto bassi. I due costi in questo *'ponte'* soluzione sono il costo infrastrutturale iniziale per costruirla e distribuirla e i costi di manutenzione o sostituzione continuativi.

Propongo che invece di prendere ciò che viene offerto dal sistema attuale, l'unico modo per uscire da questo sistema sia creare il nostro sistema localizzato *'non in rete'* sistema energetico. Come per gli altri argomenti di questo libro, considero questa soluzione dal punto di vista di un'isola in mezzo all'oceano, quindi essenzialmente, se implementata, si avrebbero molteplici *'isole'*, sia onshore che offshore, ciascuno indipendente dall'altro e indipendente dalla rete energetica centralizzata.

Ogni grande soluzione necessita di una metodologia o di un processo che ci aiuti a raggiungere questo risultato. Quindi, lo consideriamo in tre fasi: *Riduci, genera e gestisci.*

Ridurre.

Se ci troviamo su un'isola, probabilmente abbiamo una certa quantità di energia richiesta per funzionare quotidianamente. L'idea con questa prima fase è quella di ridurre quel livello di domanda energetica. Possiamo farlo utilizzando fonti energetiche alternative o tecnologie diverse. Supponiamo che tu decida di installare un nuovo sistema di riscaldamento nella tua casa. Se la tua casa ha solo finestre a vetro singolo o nessun isolamento nelle pareti, il *"domanda energetica"* sarà molto più alto. Dovresti generare sei volte più energia per ottenere lo stesso risultato. Pertanto, riducendo prima tale domanda, è possibile ridurre le dimensioni della caldaia di cui si ha bisogno.

Per ridurre la domanda di energia, è possibile aggiornare l'illuminazione a basso consumo energetico, installare nuovi vetri, installare un sistema di ventilazione con recupero di calore e installare l'isolamento.
Supponiamo che tu stia progettando l'edificio da zero. In tal caso, potresti progettarlo per sfruttare i venti trasversali, ad esempio, riducendo la necessità di aria condizionata nei paesi caldi.

Allo stesso modo, nei paesi freddi, ad esempio nel nord Europa, aggiorneresti lo spessore e la qualità dei vetri nelle finestre esposte a nord. Allo stesso modo, nei paesi più caldi, potresti ridurre l'impatto di *'guadagno solare'*, che accade quando il sole splende su una finestra, provocando il surriscaldamento della stanza, il che significa che è necessario utilizzare l'aria condizionata per ridurre nuovamente la temperatura a un livello confortevole.

Altri metodi potrebbero essere quelli di considerare i combustibili energetici alternativi. Ad esempio, una doccia elettrica può essere sostituita con una doccia alimentata da boiler. Questo perché una doccia elettrica agisce come un bollitore ad azione rapida; riscalda istantaneamente una piccola quantità di acqua, mentre l'acqua riscaldata viene generata in massa con un'unità alimentata a caldaia. Quando qualcosa viene generato su larga scala, è più economico generarlo. Seguendo questi principi è possibile ridurre il fabbisogno energetico di un edificio standard del 60-80%.

creare

Dopo aver ridotto il tuo fabbisogno energetico, puoi generarlo *'Bisogno'* a livello locale, in loco o come parte di una fonte energetica comunitaria condivisa.

Se utilizzassimo l'esempio dell'isola, diciamo che sull'isola abbiamo alcune case, un resort alberghiero, alcuni edifici adibiti a spazi di lavoro e una piccola scuola. Potremmo considerare la generazione di energia per ciascun edificio individualmente. Tuttavia, sarebbe più efficiente ed economico generarlo da una fonte centrale e poi distribuirlo a ciascun edificio dell'isola. Dobbiamo considerare il costo della sua distribuzione; se si tratta di molti chilometri di cavi o tubazioni, il prezzo sarà molto alto e il *"perdita di energia"* nel sistema aumenta anche con la distanza.

Oltre ad essere più economico grazie alle sue dimensioni, il bello di un modello di distribuzione centralizzata è che tutti possono condividere quella risorsa. Ad esempio, con un singolo edificio, progetteresti l'attrezzatura per coprire il *"domanda energetica"*, ma alcuni giorni potresti aver bisogno di qualcosa in più. Per evitare di rimanere a corto di risorse, aggiungere ulteriore capacità a quel progetto. Ciò significa che se non usi quella capacità, viene sprecata. Una capacità aggiuntiva comporta costi aggiuntivi perché le apparecchiature devono essere più grandi, come batterie, serbatoi di stoccaggio, bruciatori, ecc. Ma in un modello centralizzato, un altro edificio può utilizzare qualsiasi capacità di riserva e non va sprecata. Un modello centralizzato offre molta più flessibilità nel modo in cui viene utilizzata l'energia.

Il tipo di tecnologia che puoi utilizzare dipende da dove ti trovi nel mondo e dalle risorse naturali che hai a disposizione. Se sei vicino all'equatore, l'energia solare è una buona scelta perché hai abbondanza di sole come risorsa naturale.

Un avvertimento è che i pannelli solari hanno un intervallo di temperatura ottimale, quindi nelle ore di punta del sole in un deserto, ad esempio, i pannelli solari possono ridurre la loro efficienza operativa o, nel tempo, possono ridurre l'aspettativa di vita del pannello.

La forma più elementare di generazione di energia è quella che abbiamo avuto negli ultimi 100 e più anni. Possiamo bruciare carbone, legno, petrolio o gas per generare energia. Questo non è sostenibile, poiché esiste solo una quantità limitata. Non controlliamo la sua fornitura e, seguendo questa strada, non sfuggiremo mai alla schiavitù energetica che il sistema ha creato.

L'altro problema con la distribuzione è che parte dell'energia viene persa in quella rete di distribuzione. Più ci si allontana dalla fonte, maggiore è la perdita di energia. Ci sono molte ragioni alla base di ciò, dall'aumento dei livelli di resistenza nel caso dell'elettricità alla perdita di calore derivante dall'osservazione di una tubazione di distribuzione del calore.

Se si considera un progetto, come l'esempio della nostra isola, in cui gli edifici sono distribuiti su molti chilometri, potrebbe essere più accessibile e più vantaggioso creare più unità di generazione centralizzate, il che significa che è ancora possibile beneficiare della domanda condivisa senza che i costi di distribuzione siano irrealizzabili. alto.

Biomassa. Se abbattiamo un albero e lo bruciamo per generare energia, potremmo ottenere da quell'albero l'energia necessaria per 2-3 settimane, ma ci vogliono 40 anni per farlo crescere. In questo caso, si tratta di una fonte di generazione sostenibile? Probabilmente no. Tuttavia, fonti alternative di combustibile da biomassa, come il bambù o la canapa, crescono più velocemente di un albero. Hai bisogno di molto spazio per coltivare questa fonte di combustibile e, una volta cresciuta, dovrà essere raccolta e poi lavorata prima di poter essere bruciata. Questi sono tutti i costi delle risorse da tenere in considerazione nella decisione.

Vento. A seconda del livello della domanda e della quantità di vento, dipende la fattibilità dell'utilizzo del vento per fornire elettricità. L'altro problema con le turbine eoliche è che sono brutte e funzionano bene solo entro parametri di velocità del vento definiti. Se nel tuo sito si verificano velocità del vento estreme, la turbina può danneggiarsi, quindi di solito si spegne se il vento raggiunge il limite della turbina.

Pompe di calore. Una pompa di calore preleva il calore dal sottosuolo e lo porta in superficie come riscaldamento/raffreddamento per l'edificio. Esistono due tipi principali di sistemi: in primo luogo, si pratica un foro verticale molto profondo nel nucleo terrestre e poi si posa un tubo all'interno di quel foro. Il secondo percorso consiste nel posare un tubo all'interno di una serie di trincee in formazione orizzontale sul terreno.

Con la prima opzione, dobbiamo considerare la fattibilità di perforare un pozzo molto profondo nel sottosuolo. Nell'esempio della nostra isola, probabilmente non è fattibile.

Per la seconda opzione abbiamo bisogno di una vasta area a terra per posare le tubazioni orizzontali. Quest'area è per sempre interdetta allo sviluppo futuro, anche se probabilmente potresti costruirci sopra un campo da golf. Le pompe di calore ad aria funzionano in modo simile, tranne per il fatto che creano calore/raffreddamento dall'aria circostante anziché dal terreno.

Solare fotovoltaico. Il solare fotovoltaico può essere utilizzato come lastre simili al vetro o, più recentemente, come alternativa alle tradizionali tegole. Ho anche sentito voci riguardo all'integrazione della tecnologia fotovoltaica nelle vetrate standard delle finestre. Tuttavia, devo ancora vedere esempi di vita reale. Preferisco evitare di vedere campi pieni di questi pannelli; sono brutti e sminuiscono il paesaggio. Supponiamo di utilizzare il solare fotovoltaico in un progetto di sviluppo. In tal caso, preferiamo immaginare un design più innovativo, che li tenga nascosti e svolga una duplice funzione.

Solare termico. I pannelli solari termici sono simili al solare fotovoltaico, ma invece di generare elettricità, generano acqua calda. Contengono diversi tubi, ciascuno dei quali riscalda e alimenta un serbatoio di accumulo dell'acqua calda. Dal punto di vista visivo, sembrano molto simili a un pannello solare fotovoltaico.

Energia idroelettrica. L'energia idroelettrica potrebbe essere realizzabile se sei vicino a una fonte d'acqua corrente. Allo stesso modo, l'energia del moto ondoso può essere utilizzata per generare elettricità dal mare. In molte località rurali sono stati creati progetti idroelettrici per un duplice scopo. La fonte d'acqua fornisce anche l'approvvigionamento idrico alla comunità. Tuttavia, raccogliendo l'acqua nel punto più alto attraverso una diga, generano elettricità mentre questa filtra verso la comunità.

Idrogeno. Ritengo che l'idrogeno sarà un importante catalizzatore per raggiungere la libertà energetica. Anche se ora è nelle sue prime fasi di sviluppo ed è piuttosto costosa, l'acqua è la risorsa naturale più abbondante su questo pianeta, quindi trovare un modo per attingere a quella risorsa è positivo per tutti noi. Con lo sviluppo della tecnologia, il prezzo diminuirà.

CHP (calore combinato e potere). Produce calore/raffreddamento ed energia elettrica e viene generato bruciando una fonte di combustibile. Tradizionalmente, la fonte di combustibile è stata il gas naturale, ma anche la biomassa sta iniziando ad essere utilizzata con maggiore frequenza.

Digestione Anaerobica (rifiuti da riscaldare). Cosa succede a tutti i rifiuti che butti via ogni anno? In molti casi finisce in discarica. Tuttavia, esiste una soluzione in cui i rifiuti, invece di finire in discarica, vengono utilizzati per generare energia.

Una comunità dovrebbe considerare se generiamo rifiuti sufficienti per fornire al convertitore di rifiuti abbastanza carburante per alimentare le nostre richieste energetiche. Questa opzione potrebbe indirettamente incentivarci a creare più rifiuti in modo da non rimanere senza energia.
Potrebbe funzionare bene per un'azienda che produce rifiuti come sottoprodotto dei suoi processi. Tuttavia, l'immagine di persone che cercano disperatamente spazzatura per tenere acceso il riscaldamento non si adatta bene al grande *"Libertà per l'umanità"* visione.

Dispositivi di energia libera. Come accennato, molte invenzioni sono state soppresse, sepolte e annientate nel corso dell'ultimo secolo. Queste invenzioni hanno iniziato a venire alla luce più recentemente e le persone stanno lavorando per creare i dispositivi di energia libera che avrebbero dovuto essere. Ho un manuale su come realizzare dieci diversi dispositivi di energia libera.

Biocarburanti. I biocarburanti non sono una tecnologia di generazione di energia ma meritano di essere inclusi come fonte di carburante alternativa. Stiamo assistendo all'emergere di molti tipi di biocarburanti, inclusa una fonte di carburante equivalente per razzi e altri velivoli, che in genere necessitano di carburanti ad alto numero di ottano. Quindi, vengono creati carburanti specifici per gli sport motoristici e le auto ad alte prestazioni. Tuttavia, uno dei biocarburanti originali è l'olio vegetale riciclato proveniente dai nostri takeaway e friggitrici locali. Questa era una grande notizia vent'anni fa, ma recentemente è passata in silenzio.

Batterie e celle a combustibile. Se stiamo generando energia, c'è una forte possibilità che non avremo una domanda sufficiente per utilizzare tutta quell'energia quando verrà generata. In passato, ciò avrebbe comportato lo spreco di gran parte dell'energia, e i pannelli solari fotovoltaici ne sono l'esempio perfetto. L'elettricità viene creata durante il giorno, ma la maggior parte della nostra domanda di elettricità avviene di notte, quando è buio e dobbiamo utilizzare l'illuminazione e le attrezzature per cucinare.

La creazione di una capacità di accumulo di energia dovrebbe essere una grande priorità come parte della più ampia strategia energetica per qualsiasi progetto. Sono disponibili varie tecnologie di batterie, dalle batterie al piombo-acido della vecchia scuola alle batterie al litio. Questa è un'area in cui si stanno verificando molti sviluppi, quindi tutto ciò che scrivo ora sulla tecnologia attuale sarà probabilmente una notizia vecchia tra sei mesi. Le batterie e lo stoccaggio dell'energia sono i luoghi in cui avverrà il cambiamento più significativo nei prossimi anni.

Dovremmo anche considerare come smaltiremo questi oggetti alla fine della loro vita. Possiamo ristrutturarli in modo che non debbano essere smaltiti in futuro?

Maneggio.
La terza fase del quadro la chiamiamo *'Maneggio'* include il modo in cui utilizziamo il sistema quotidianamente, ad esempio i nostri comportamenti. Ancora più importante, si tratta di monitorare l'apparecchiatura e le sue prestazioni, mantenerla correttamente e sostituire gli elementi al termine della loro vita utile.

Supponiamo di aver creato una fonte di energia per la nostra comunità insulare. Abbiamo delle batterie per immagazzinare quell'energia.
Quelle batterie potrebbero durare dieci anni, quindi abbiamo bisogno di un piano per estendere la loro durata utile attraverso una corretta manutenzione. Tuttavia, vogliamo evitare un costo imprevisto tra dieci anni per sostituire quelle batterie. Quindi,

come parte di tale piano, paghiamo a *"fondo sostitutivo"* per la manutenzione e la sostituzione alla scadenza. È molto più semplice pagare £ 100 al mese adesso piuttosto che £ 100.000 in una data futura sconosciuta. Questo modello di fondo dovrebbe essere preso in considerazione in qualsiasi modello di business comunitario.

Le opzioni dell'acqua

Le opzioni per l'acqua sono piuttosto semplici, ma anche limitate.

Ridurre: La prima cosa da considerare è se possiamo ridurre la domanda di acqua. Un modo per farlo è ridurre il nostro utilizzo. Un esempio è l'utilizzo di servizi igienici senza acqua.
Non sto dicendo che queste siano le soluzioni ideali; Sto fornendo un esempio di riduzione della domanda di acqua. Ogni applicazione sarà diversa.

Riutilizzare: L'opzione successiva è il riciclo dell'acqua. Per fare questo, usiamo quello che viene chiamato *riciclaggio delle acque grigie*. Ad esempio, facciamo la doccia usando acqua dolce. L'acqua della doccia viene filtrata e conservata prima di essere utilizzata per lo scarico della toilette. Possiamo anche usarlo per annaffiare il nostro orto. Se fatto correttamente, possiamo anche usare l'acqua del WC come fertilizzante, il cosiddetto riciclaggio delle acque nere. Tuttavia, per evitare epidemie di tifo, questo dovrebbe essere fatto correttamente.

Fonti: Successivamente, dobbiamo esaminare le nostre fonti d'acqua. La raccolta dell'acqua piovana dal tetto e da altri deflussi, ad esempio lungo i percorsi, è la prossima fonte naturale. Se si riesce a raccogliere e immagazzinare quanta più acqua possibile, si ridurrà la quantità di acqua di cui abbiamo bisogno da altre fonti.

Il prossimo *"raccolta dell'acqua piovana"* sta creando avvallamenti e dighe nel paesaggio per catturare e immagazzinare l'acqua in modo naturale.

Quando tutte le opzioni di raccolta dell'acqua piovana sono esaurite, dobbiamo guardare altrove. La prima opzione è guardare i corsi d'acqua e i fiumi da cui possiamo prenderlo. Prima di scegliere questa opzione, indaga su cosa c'è più a monte, poiché qualcosa potrebbe contaminare la tua futura fonte d'acqua. Il prossimo è perforare un pozzo. La perforazione a una profondità di 600 metri è essenziale, poiché l'acqua a profondità inferiori contiene tossine e deflussi di sostanze chimiche provenienti dalle fattorie vicine e dagli impianti di processo industriale.

Un'opzione nelle comunità più piccole e nelle località insulari è quella di utilizzare un impianto di desalinizzazione, dove viene prelevata l'acqua di mare e il sale rimosso, rendendolo sicuro da bere. Prendono l'acqua salata dall'oceano e *'dissale'* attraverso l'osmosi inversa, rimuovendo il sale dall'acqua per creare acqua potabile.

Sembra tutto fantastico, considerando che il pianeta ha così tanta acqua salata. Tuttavia, il problema è che *'prodotto di scarto'* dal processo di desalinizzazione si ottiene molta, moltissima salamoia, che nella maggior parte dei casi viene pompata nell'oceano a massicci livelli concentrati. Questa elevata concentrazione di sale uccide tutta la vita vegetale e animale circostante in quell'area, provocando deserti sottomarini. Quindi, sebbene il processo di desalinizzazione crei più di quanto consuma, ha anche un dannoso effetto a catena sulla vita marina, rendendolo un processo non sostenibile.

Un'ultima opzione che ho visto utilizzata negli ambienti aridi del deserto è un sistema per intrappolare la condensa. Questo sistema è troppo tecnico per essere descritto in questo libro, ma diversi video online lo spiegano in modo più approfondito.

L'ultima cosa da considerare sono i parassiti e i batteri presenti nell'acqua e come rimuoverli. Esistono numerosi metodi che possiamo utilizzare per uccidere eventuali batteri indesiderati.

Su piccola scala, abbiamo compresse che possiamo usare per purificare l'acqua, rendendola sicura da bere. Un altro metodo è aggiungere sostanze chimiche, un'opzione che non mi piace. Possiamo anche utilizzare filtri speciali, come i filtri UV, che *'zap'* eventuali batteri mentre fluiscono attraverso il sistema. Quando ero apprendista elettricista nel 1995, lavoravamo con un'impresa di costruzioni nelle zone rurali della Scozia che rinnovava antichi cottage in pietra.

La maggior parte di questi cottage non aveva strade; per raggiungerli abbiamo utilizzato un fuoristrada 4x4. I cottage erano troppo lontani dalla civiltà per essere collegati alla rete idrica, quindi per la maggior parte del tempo avevano una fornitura d'acqua privata, da un pozzo, da un pozzo o, più spesso, da un ruscello vicino. Secondo il *'esperti'*, questa fonte d'acqua alleverebbe vari parassiti. Tuttavia, il fatto interessante è che non abbiamo mai dovuto pompare litri di cloro o fluoro in questi corsi d'acqua. Abbiamo installato un filtro ultravioletto di base nel cottage, il che lo farebbe *'zap'* Qualunque *"batteri cattivi"* prima che entrasse in casa.

Le opzioni sui rifiuti

Uno dei maggiori problemi del mondo è la necessità di una maggiore consapevolezza sui rifiuti nel nostro ecosistema. Qualcuno potrebbe dire che la colpa è del consumismo, ma è molto più semplice di così. Ci sono soluzioni a nostra disposizione, ma pochissimi le conoscono perché è più economico per il governo riempire i container di rifiuti e inviarli in Asia. Si tratta in gran parte di buon senso, ma se non sai che esiste, beh, non capirai mai che esistono opzioni migliori disponibili.

Dobbiamo prima identificare cosa entra nel nostro ecosistema e quali possibili rifiuti questi articoli potrebbero produrre. Noto che alcuni paesi, tra cui il Ruanda, hanno vietato completamente l'introduzione di sacchetti di plastica nel paese. È illegale portare un sacchetto di plastica nel paese. Seguire un approccio simile significa, dopo aver identificato ogni elemento di potenziale rifiuto, capire se si dispone di un metodo per smaltirlo. Controllare se qualcuno lo introduce nell'ecosistema in futuro eliminerà completamente eventuali problemi futuri per la tua comunità.

Nel Regno Unito, il governo senza cervello credeva che la risposta al problema dei sacchetti di plastica fosse che i supermercati facessero pagare alla gente cinque pence per ogni sacchetto di plastica. Questa divenne presto un'altra truffa per fare soldi, poiché i supermercati abbandonarono le buste più economiche da cinque pence e le sostituirono con buste da sessanta pence. Era la stessa borsa ma ad un prezzo molto più alto. Non ha impedito l'uso dei sacchetti di plastica. Non sono riusciti a capire che le persone usano ancora i sacchi della spazzatura di plastica, che vengono ancora tutti mandati in discarica: acri e acri di sacchi neri pieni di spazzatura.

I consigli locali nel Regno Unito hanno local *'centri di riciclaggio'* dove i residenti possono prendere le loro vecchie scatole di cartone, i rifiuti del giardino, ecc. e metterli in cassonetti dedicati per il riciclaggio.
Ma una cosa che non hanno risolto sono gli oggetti elettronici che vengono gettati via. Fino a due anni fa, gran parte di questi rifiuti elettronici veniva spedita in Ghana, che possiede la più grande massa continentale di rifiuti elettronici al mondo. Qualsiasi cosa, dagli schermi TV ai telefoni cellulari ai vecchi ferri da stiro. Il terreno è così tossico che il governo ne ha recintato la maggior parte per impedire alla gente del posto di frugarvi. Per decenni, i governi di tutto il mondo hanno scaricato illegalmente questi rifiuti in Ghana.

Il primo passo è verificare ciò che entra nel tuo ecosistema e identificare gli articoli in base alla loro potenziale produzione di rifiuti. Successivamente, possiamo considerare le modalità di smaltimento per ciascuna tipologia di rifiuto.

Compostaggio: Molto di ciò che smaltiamo può essere compostato. La regola generale del compostaggio è: *'Se è vissuto, può essere compostato'*. Ciò significa che i rifiuti alimentari, gli animali morti, le feci animali, le piante, i ritagli di alberi, il cartone e persino i ritagli di capelli possono essere compostati.
Il processo di compostaggio è generalmente molto rapido e un metodo richiede solo poche settimane. Un vantaggio collaterale del compostaggio è che il mucchio di rifiuti in decomposizione diventa molto caldo, quindi far passare un tubo dell'acqua al centro del cumulo di compost può significare che viene generata acqua calda mentre il calore dal cumulo di compost si trasferisce nel tubo dell'acqua. Il processo di compostaggio crea una fonte di terreno ricca di sostanze nutritive che può essere riutilizzata all'interno della comunità.

Suini: Altri metodi di smaltimento dei rifiuti includono l'alimentazione dei rifiuti alimentari ai maiali. I maiali mangiano i rifiuti e creano molto letame, che può poi essere collocato sui tuoi letti alimentari e aumentare la qualità nutrizionale del tuo terreno.

Canneti: Per i rifiuti della toilette possiamo utilizzare un sistema a canneto, in cui i rifiuti vengono raccolti e le canne puliscono da essi eventuali tossine. Questo è anche ricco di fonti nutritive per il tuo terreno.
È inoltre possibile aggiungere normali rifiuti di compost ai letti alimentari, trasferendo tutte le fonti nutritive nel terreno e aiutando le piante a crescere.

Questa combinazione di processi generalmente smaltisce circa il 95% dei rifiuti all'interno del nostro ecosistema. Controllando ciò che entra nel sistema e comprendendo quali articoli non possono essere smaltiti facilmente, possiamo ricercare modi specifici per smaltire questi articoli o impedire loro di entrare nell'ecosistema utilizzando un'alternativa.

Esistono altri modi per smaltire i rifiuti, che non ho menzionato finora. I nostri governi utilizzano metodi più arcaici, come scavare una buca e seppellirla. Altrimenti potrebbe bruciarsi, ma questa non è una soluzione che mi piace per via dei fumi tossici che crea.

Costruzione della nave terrestre: Puoi anche costruire edifici con materiali di scarto.
Ad esempio, esistono molti esempi di persone che costruiscono case con vecchi pneumatici riempiti di terra. Altri sono costruiti con vecchie bottiglie di vetro. Se erediti un sito con già molti rifiuti, un modello Earthship potrebbe essere l'occasione perfetta per costruire la comunità gratuitamente risolvendo anche il problema dei rifiuti.

Pagare le infrastrutture

Dobbiamo considerare come pagheremo tutta questa nuova tecnologia. Ricordate l'obiettivo finale dell'elettricità gratuita? Ci sono molte altre opzioni ovvie.

Donazione comunitaria. Questa opzione prevede che la comunità doni una quota del costo di sviluppo iniziale.

Investimenti comunitari. Invece di donare denaro, alcuni membri della comunità investono ciascuno nel progetto.
Il veicolo di investimento funziona fino a quando l'investimento non viene rimborsato ai membri finanziatori, fornendo allo stesso tempo un dividendo annuale a ciascun investitore nel progetto fino al completamento del rimborso. Ogni utente energetico, o la comunità nel suo insieme, paga per l'energia che utilizza.

Il veicolo d'investimento esiste già oggi come ESco (Energy Supply Company). La differenza tra questo e il modello esistente è che una volta pagati i costi iniziali del progetto, il costo dell'energia si ridurrebbe drasticamente.

Fonte di entrate. Un modello alternativo consiste nel creare una fonte di generazione di entrate, come la costruzione di un hotel. Questo hotel genera un profitto, che viene utilizzato per pagare lo sviluppo iniziale dell'infrastruttura energetica e le continue riparazioni e manutenzioni, il che significa che i membri della comunità non pagano nulla per il loro consumo energetico.

Prestito commerciale. Lo svantaggio di questa opzione, rispetto alle altre, è che ogni centesimo speso per ripagare il prestito toglie denaro dalla circolazione locale. Il debito comporta anche interessi. Con le altre opzioni, il denaro continua a circolare all'interno della comunità locale.

Rendimenti investiti localmente. Utilizzando i rendimenti degli investimenti della comunità, come descritto nel capitolo sulla formula del libro, questi rendimenti degli investimenti vengono utilizzati per ripagare il costo mensile, sia i costi infrastrutturali che i costi di gestione e riparazione correnti.

In realtà, la soluzione perfetta dipenderà dalle circostanze del momento, compreso se la tua comunità ha soldi e se desidera investirli in un progetto del genere. La soluzione potrebbe essere quella di utilizzare una combinazione di tutti questi percorsi.

Mortale

In questo capitolo esamineremo gli elementi legati al corpo umano, compresa la nostra salute e le fonti alimentari che consumiamo.

Salute

Il tema della salute e di come migliorarla è un argomento entusiasmante. Circa il 98% della popolazione soffre di una grave mancanza di salute. Abbiamo già discusso le ragioni di ciò.

Ora dobbiamo considerare alcune alternative, curando innanzitutto i disturbi delle persone e poi considerando come prevenire ulteriori disturbi in futuro.

Sto migliorando continuamente, ma in base a dove era la mia salute dieci anni fa, è significativamente migliore. Allora la mia salute era probabilmente simile a quella della persona media nel Regno Unito. Farmaci in sovrappeso, prescritti a lungo termine, con una lista di problemi di salute che non sarebbero scomparsi. Avevo tutti i tipi di scansioni e telecamere dentro di me, ma il Dottore non sapeva cosa c'era che non andava in me. La loro unica risposta fu che avrei dovuto continuare ad aumentare il dosaggio di ogni farmaco per il resto della mia vita.

A quel punto, avevo già smesso di bere alcolici dopo aver scoperto di essere intollerante al glutine, ma come tutti i miei coetanei, prima di allora, uscivo tutti i fine settimana; Bevevo due bottiglie di vino prima di uscire, seguite da 25-30 superalcolici. Sono sorpreso che il mio fegato non si sia arreso. Tuttavia, questo percorso è molto simile a quello della maggior parte delle persone nel Regno Unito, quindi è considerato un comportamento normale.

L'attuale sistema sanitario allopatico non intende risolvere la causa principale; sopprime solo il sintomo per far credere al paziente che il problema sia scomparso. A parte le cure di emergenza, come trattare un osso rotto, dobbiamo ripensare completamente il modo in cui ci prendiamo cura del nostro corpo. Ciò implica considerare forme alternative di medicina e pratiche di guarigione.

Le disintossicazioni di routine sono un paio di pratiche che ho adottato da quando ho iniziato a migliorare la mia salute. Quando parlo di disintossicazione alle persone, hanno questa strana idea che una disintossicazione significhi semplicemente eliminare la carne dalla loro dieta per un giorno o due o che sia un metodo per perdere peso. Una vera disintossicazione significa purificare ciò che entra e rimuovere eventuali scorie accumulate già dentro di te.

Ciò significa fare digiuni d'acqua. Deve essere acqua pura, non un cocktail tossico di sostanze chimiche fornito dal tuo governo. Perché dovresti provare a disintossicarti bevendo cloro e fluoro? Non ha alcun senso.

Inoltre, dobbiamo anche eliminare eventuali scorie accumulate nel corpo, e lo faccio con un clistere. Ogni mese eseguo un digiuno ad acqua di 24 ore; ogni tre mesi, un digiuno con acqua di tre giorni; e almeno una volta all'anno, un digiuno con acqua di sette giorni. Normalmente faccio un clistere ad ogni digiuno. Durante il processo di digiuno, invece di utilizzare energia per digerire il cibo, il corpo utilizza l'energia non spesa per riparare cellule e tessuti danneggiati.

Da quando ho cambiato la mia routine sanitaria, nove anni fa, non ho più preso alcun farmaco. Durante questo periodo, non ho avuto alcuna recidiva dei sintomi originali. Mi sento anche molto più sano e ho molta più energia.

Riparazione: Dobbiamo pensare a riparare i nostri corpi spezzati. Non ha molto senso visitare una spa per un massaggio se il motivo per cui è necessario quel massaggio non viene prima risolto. L'intenzione originale di una spa era quella di utilizzare metodi curativi naturali per curare i disturbi del corpo. Nel corso del tempo, questa è diventata più un'esperienza degna di Instagram, in cui le persone si siedono bevendo prosecco e dipingendosi con il cioccolato. È diventato l'opposto dell'intenzione originale di un'esperienza termale. Non sto dicendo che l'esperienza peggiori la salute dell'individuo, ma stare seduti a bere alcolici non aiuta le cose.

Questo tipo di attività ha una grande opportunità per ritornare all'intento originale di una spa. Molte persone cercheranno metodi sanitari alternativi e queste aziende possono soddisfare tale esigenza.

Possono ancora soddisfare le esigenze della troupe dei selfie di Instagram, ma offrono questo come qualcosa in più *'coccole di lusso'* offrire piuttosto che il trattamento fondamentale che risolve i disturbi di base delle persone. Ciò richiede molto più spazio rispetto alla semplice sala per trattamenti e una piscina coperta. Marchi storici internazionali, come Six Senses, insistono per avere una superficie minima di 1.000 metri quadrati dedicata alla struttura termale, il che significa che un'azienda deve impegnarsi a fornire un prodotto spa per gli ospiti se vuole investire in questa scala. delle infrastrutture.

Un vantaggio di un'azienda che segue questo percorso è che può attrarre una nuova clientela e generare ulteriori flussi di entrate. Supponiamo che l'azienda sia una day spa senza strutture alberghiere. In tal caso, esiste una chiara opportunità di aggiungere i trattamenti di base all'offerta spa insieme a camere da letto, un ristorante e altre linee di prodotti che generano reddito.

Venendo ai trattamenti effettivi per il processo di ripristino, possiamo scavare molto più a fondo in tutti i tipi di terapie alternative, dal Reiki alle pratiche ayurvediche.
Possiamo anche includere cerimonie di medicina vegetale con Ayahuasca e Iboga. Molti di questi rimedi naturali alternativi esistono da secoli. Ad esempio, in Sud America, il tabacco è una medicina curativa sacra. È strano come tutto ciò che ci è stato detto su cose come il tabacco e la cannabis dalla società occidentale, si tratta di prodotti completamente naturali. Tuttavia, ci è stato fatto il lavaggio del cervello nel credere che siano dannosi per noi. Non è il tabacco che ci fa male; è il catrame che ci aggiungono che ci uccide.

I nostri antenati indigeni sapevano come guarire se stessi. La natura ha risposte per tutto, fissandoci in faccia. Prendiamo come esempio le ortiche; accanto a ogni macchia di ortiche c'è anche una macchia di foglie di bacino. Molte piante ed erbe che coltiviamo nel nostro giardino possono curarci. Altri metodi di guarigione naturali potrebbero essere i sali tissutali o gli oli aromaterapici. Ogni cosa ha la sua applicazione.

Una delle principali cause dei nostri disturbi è ciò che entra nel nostro corpo, sia il cibo che lo stress ambientale.
Possiamo anche influenzare la nostra salute in base ai nostri pensieri e al condizionamento psicologico. Sapevi che alcune persone sono grasse perché inconsciamente gridano a gran voce *'essere visto'* dal mondo? Quindi, i loro corpi assumono il compito di rendersi il più grandi possibile per renderli *'visto'*.

Un altro esempio è ciò che diciamo a noi stessi. Hai mai notato che quando a qualcuno viene diagnosticata una malattia terminale e gli viene fornita un'aspettativa di vita, la maggior parte delle persone muore quasi nell'esatto momento in cui gli è stato detto? Tuttavia, occasionalmente, un individuo rifiuta la diagnosi e supera di gran lunga le aspettative di tempo fornite.

Conosco due persone a cui è successo questo. Al primo furono concessi tre mesi di vita ma sette anni dopo era ancora vivo. Al secondo furono concessi sei mesi ma morì cinque anni dopo.

Il motivo è stato dimostrato attraverso molti esperimenti, dove si è scoperto che ciò che ci diciamo diventa vero. I nostri pensieri e le nostre parole creano la nostra realtà.

Un'altra delle principali cause di problemi di salute è l'intolleranza alimentare. Ci sono sette alimenti a cui la maggior parte delle persone ha un'intolleranza. Quando dico intolleranza, intendo che il loro corpo non può digerirli, quindi crea tutti i tipi di malattie, malattie e sintomi di malattia. Glutine, latticini, uova, soia, frutta a guscio, zucchero e sale. Il 70% della popolazione presenta qualche forma di intolleranza o allergia ad almeno uno di questi. Anche se potrebbero non rendersene conto, i sintomi possono essere qualsiasi cosa, dal sentirsi letargico, al reflusso acido, al mal di testa, all'emicrania, alla falsa diagnosi di IBS (sindrome dell'intestino irritabile) o persino ai dolori articolari. Il problema è che il tuo corpo non può digerire queste sostanze se sei intollerante ad esse, quindi il tuo corpo le immagazzina come grasso e, col tempo, iniziano a sviluppare tumori.

Quando ho saputo delle mie intolleranze, ho perso venti chilogrammi in due mesi semplicemente non mangiando cibi che contenevano questi ingredienti. Il sistema medico non li mostrerà come un'intolleranza. Quando il dottore mi ha testato per il glutine, il risultato del test è risultato negativo. Questo perché testano un'allergia piuttosto che un'intolleranza. Un'allergia al glutine è chiamata celiachia; se mangi glutine da celiaco, probabilmente morirai. Mangiare glutine quando sei intollerante causerà emicranie, problemi respiratori e numerosi altri sintomi non correlati. C'è una grande differenza.

Pensi che sia una coincidenza che i professionisti della salute naturale e altri *'non allopatico'* le alternative sono state bandite? In alcune giurisdizioni prevedono la pena detentiva e persino la pena di morte. Questi *"guaritori naturali"* sono stati presentati al mondo come *'pazzo'* o praticare la stregoneria satanica semplicemente mescolando alcune erbe naturali in una ciotola. È solo negli ultimi anni che cose come la cannabis sono state rese legali a condizioni rigorose.
Queste rigide condizioni creano un modo per il sistema di tassarne la vendita e l'utilizzo. L'unico motivo per cui la maggior parte dei farmaci viene resa illegale è perché il governo non può tassarli quando qualcuno coltiva la pianta nella propria casa. L'altra ragione è che l'industria medica tradizionale collasserebbe se tutti avessero accesso a tutte le medicine alternative e alle tecniche di guarigione naturale.

Principi della zona blu

Se non hai mai sentito parlare delle zone blu, si tratta di luoghi in tutto il mondo in cui gran parte della popolazione vive fino a oltre 100 anni. Si dice che ciò sia dovuto al fatto che gli abitanti di ciascuna zona della zona blu vivono la propria vita seguendo determinati principi, che condividerò di seguito. Questi principi rappresentano una scelta di stile di vita che favorisce una vita lunga e sana. Questi principi devono essere adottati all'interno di ogni sviluppo comunitario.

I principi della zona blu sono:

Muoviti in modo naturale: Non corrono maratone né trascorrono la vita in palestra. Vivono in aree che richiedono movimento senza pensarci, come coltivare un orto, quindi fanno esercizio fisico regolare ogni volta che entrano nel loro giardino.

Scopo/ikigai: Ogni persona ha uno scopo, una ragione per cui si sveglia la mattina

Scalare la marcia: Seguono routine per liberarsi dallo stress

Regola dell'80%: Consuma il pasto più piccolo nel tardo pomeriggio e nella prima serata. Mangiare solo fino a quando non sono sazi all'80% e non mangiare mai fino al punto in cui si sentono sazi.

Inclinazione della pianta: Seguire una dieta prevalentemente a base vegetale, mangiando carne in media solo cinque volte al mese

Vino @ 5: Bere alcol moderatamente ma regolarmente. Bere 1-2 bicchieri ogni giorno

Appartenere: Appartenere e seguire una fede o un senso di unione.

Prima i propri cari: mantenere la famiglia unita, compresi genitori e nonni, avere un compagno di vita e investire tempo con i propri figli.

Tribù giusta: Essere nel giusto circolo sociale, un gruppo che promuove comportamenti sani

Questi nove principi possono migliorare la nostra aspettativa di vita di 10-12 anni. Progettando il nostro ambiente secondo questi principi, i residenti della comunità non devono farlo *'Tentativo'* vivere alla maniera della zona blu; lo vivono in modo naturale poiché è l'unico modo per loro di essere.

Possiamo farlo in modo molto semplice, ad esempio, disponendo di impianti sportivi come campi da tennis, piscine e campi da golf. Possiamo avere un orto comune e costruire percorsi pubblici in aree che aumentano naturalmente la frequenza cardiaca. Le aree per la meditazione, lo yoga e le arti marziali possono essere un modo semplice per ridurre lo stress, e sviluppare la nostra comunità pensando alla vita multigenerazionale significa che tutte le generazioni sono vicine le une alle altre, promuovendo ancora una volta il principio di essere vicini ai propri cari.

Cibo

Se hai l'illusione che tutto ciò che mangi dalle fonti alimentari tradizionali ti faccia bene, ho delle notizie devastanti. Tutto ciò che mangi al supermercato o al fast food da asporto nuoce alla tua salute.

Prendiamo la nota catena di fast food. I suoi hamburger non sono nemmeno fatti di vera carne. Sono coltivati in laboratorio per avere il sapore della carne. È ora di iniziare a mettere in discussione ciò che stiamo immettendo nel nostro corpo.

Con tutte le sostanze chimiche spruzzate sui nostri alimenti, non c'è da meravigliarsi che le persone siano malate e piene di malattie. Per essere sani bisogna partire da ciò che mettiamo in bocca: cibi e bevande. Diversi climi e tipi di terreno determinano cosa possiamo coltivare e quando. Avremo bisogno anche di aree di coltivazione alternative, come tunnel protetti o serre. Alcune persone utilizzano anche aree riscaldate per coltivare cibo durante la stagione fredda.

Vogliamo anche massimizzare l'efficienza della nostra produzione alimentare. Abbiamo già considerato la geometria sacra come un metodo per aumentare i rendimenti produttivi. Un altro metodo è l'elettrocultura.

L'elettrocultura funziona raccogliendo l'elettricità nell'atmosfera intorno a noi e radicandola facendola fluire attraverso i nostri letti alimentari. Le persone in genere ottengono rendimenti pari a 2-3 volte il loro tasso di crescita medio adottando i principi dell'elettrocoltura.

Per quanto riguarda le esigenze di spazio, se utilizziamo letti rialzati per la coltivazione, sempre a seconda della fertilità del suolo, avremo bisogno di circa 300 piedi quadrati a persona per produrre verdure sufficienti affinché una persona possa sopravvivere durante tutto l'anno. L'aggiunta di frutta e di eventuali fonti di carne aumenterà le dimensioni richieste.

Avremo bisogno di spazio per l'incubazione, come un capannone o una serra per la coltivazione dei semi, e vorremo anche creare strutture di stoccaggio e un'area di preparazione. Pertanto, una cantina per le radici è una buona opzione per la conservazione, poiché impedisce alla luce solare e al calore di raggiungere il cibo. Molte persone usano le conserve per conservare il cibo per il periodo invernale. Tuttavia, è meglio conservarlo in barattoli di vetro, poiché impedisce ai metalli della lattina di penetrare nel cibo.

Quindi, il nostro piano comunitario include un orto, un centro benessere alternativo e tutti i principi della zona blu.

Conosci te stesso

Una delle mie passioni è avere una visione e vedere quella visione prendere vita. Questo è probabilmente il motivo per cui ho sempre avuto una passione per lo sviluppo immobiliare. Se ho tutto ciò di cui ho bisogno nella mia vita, non mi preoccupo dei soldi; la mia intenzione finale è creare qualcosa di bello, che si tratti di una bella casa, di un hotel resort o di un villaggio che unisca tutto ciò che è presente in questo libro in un unico progetto. Vedere quella visione prendere vita è ciò che mi piace, ma va molto più in profondità di così. Il processo di creazione è semplicemente uno strumento che mi è stato dato per raggiungere uno scopo molto più profondo.

È come questo libro. Qualsiasi reddito che ricevo dalla vendita di questo libro sarà minimo rispetto alle oltre 1200 ore che ho investito per scriverlo e al tempo trascorso per impararlo. Non lo sto scrivendo con l'intenzione di *"a caccia di soldi"*; Lo faccio perché ho una visione per un modo migliore di vivere al di fuori dei sistemi governativi autoritari e voglio condividere quella visione fornendo una tabella di marcia per arrivarci.

Condivido queste idee e pensieri per lanciare un appello, l'appello a coloro che sono in risonanza con il messaggio in modo che possiamo farlo insieme. Il libro intende riunire anime che la pensano allo stesso modo.

Ma il problema con la maggior parte delle persone è che non sono sulla loro vera strada. Quando non siamo sul percorso previsto, facciamo due cose. Per prima cosa saliamo la scala degli altri, credendo che sia la nostra. Ciò che intendo con questo è che siamo facilmente influenzati dalla società, dalle nostre famiglie e dai cosiddetti guru, pensando che dovremmo copiarli esattamente *'formula per il successo'*. Facciamo scelte di carriera in base a ciò che gli altri credono sia meglio per noi.

In altri casi, veniamo risucchiati dall'ultimo schema per arricchirsi velocemente. Quante persone sono state risucchiate negli investimenti immobiliari, nel trading sul forex, nell'acquisto di aziende, nelle criptovalute, negli NFT o nelle truffe del marketing multilivello negli ultimi 15 anni?

Questo potrebbe essere il loro percorso per una piccola parte, ma per il resto stanno inseguendo lo stile di vita di quella persona che vende il sogno. I pochi che combattono per salire la scala scoprono che non è quello che vogliono e non li rende felici. Ma la maggior parte delle persone trascorre decenni cercando di salire quella scala, senza mai avvicinarsi al traguardo desiderato.

La seconda strada che alcuni intraprendono quando non sono sul vero percorso è rivolgersi al *'lato oscuro'*, Che si tratti di un crimine palese o semplicemente dell'intento di fregare le persone. Sono stato fregato molto dalle persone con cui ho lavorato; queste erano persone di cui mi fidavo. Ma se le persone fossero sulla strada giusta, non avrebbero bisogno di scegliere queste opzioni.

Qualche settimana fa ho ricevuto un'e-mail da qualcuno che cercava di ricattarmi per soldi. Sospetto che fosse la stessa truffa che questo individuo gioca a tutti. Qualcun altro avrebbe potuto semplicemente ottemperare alle richieste '*per far sparire il problema*', ma nel mio caso sapevo che il suo ricatto non era vero. Mi aveva chiesto di inviargli 1.500 sterline in Bitcoin entro 48 ore, altrimenti avrebbe condiviso un video in cui mi masturbavo apparentemente davanti al porno. Ho pensato, wow, immagina che meraviglia avrebbero le donne se lo guardassero. Ma dopo l'eccitazione iniziale, ho capito che non era vero: non guardavo il porno da più di quindici anni. Potete immaginare la mia delusione dopo aver realizzato questo.

Negli Stati Uniti ci sono due milioni di persone nel sistema carcerario. Statistiche simili sono condivise nella maggior parte dei paesi del mondo. Se tutti seguissero la loro strada, non ci sarebbe quasi alcun crimine, o almeno nessun crimine derivante dal desiderio di ottenere denaro e beni.

Alla maggior parte delle persone non piace il proprio lavoro. Se vai a lavorare con l'unico scopo di guadagnare soldi, si chiama schiavitù. Il lavoro, in generale, non è schiavitù.
Ma quando scambi il tuo tempo con denaro, facendo qualcosa che non vuoi fare, quella è schiavitù. Eppure, peggio di tutto, ti stai rendendo schiavo.

Se mai ti capiterà *'Sensazione del lunedì mattina',* è la tua anima che ti dice di cambiare qualcosa. Capire di cosa si tratta *'cosa'* è—forse sono le persone, forse è il capo, forse semplicemente non sei soddisfatto o sei annoiato—è probabilmente il punto di partenza per realizzare che questa non è la tua strada.

Nella mia carriera, penso di aver sempre seguito la mia strada; è solo che a volte probabilmente sono rimasto troppo a lungo su un tratto di quel percorso, il che mi ha causato molto stress interiore. Ciò si riduceva sempre a una profonda infelicità, anche se non ne capivo il motivo.

Perché sei qui? Non avrei saputo perché ero qui se me lo avessi chiesto vent'anni fa.

Tuttavia, in quel momento sapevo che doveva essere qualcosa di più significativo di una semplice offerta e consegna di contratti nella nostra attività. Solo il pensiero che avrei ripetuto lo stesso processo di base per il resto della mia vita, giorno dopo giorno, settimana dopo settimana, anno dopo anno. Era davvero questo il motivo per cui ero stato messo su questo pianeta? È lì che era radicato il mio disagio interiore, il pensiero che avrei ripetuto lo stesso schema ogni anno per 50 anni, e poi sarei morto. Ci deve essere qualcosa di più nella vita oltre all'esistenza della ruota del criceto.

Il mio problema più grande in quel momento era che nessuno intorno a me lo vedeva come un problema. Erano felici di fare questo per il resto della loro vita – non riuscivano a capire perché non lo volessi anche per me.

Il percorso che percorriamo ci fornisce gli strumenti necessari per raggiungere il nostro scopo. Quelle competenze che ho imparato durante la mia vita e quei lavori che ho svolto sono gli strumenti; non sono lo scopo. È come fare un apprendistato. Impariamo le abilità che utilizzeremo in seguito. Attraversiamo queste diverse esperienze per modellarci nella persona che dobbiamo essere per compiere la nostra missione.

Quando qualcuno svolge un ruolo particolare nella vita credendo che questo sia il suo scopo, io non credo che quel ruolo sia il vero scopo. Lasciate che vi faccia un esempio. Immagina qualcuno che sia un eccellente oratore pubblico; hanno praticato e perfezionato i loro discorsi e viaggiato in tutto il mondo, e le loro parole toccano le anime delle persone. Potrebbero credere che questo sia il loro scopo. Andrei oltre. La loro capacità di parlare in pubblico è solo il loro strumento; è il loro veicolo. Il loro vero scopo è diffondere un messaggio. Per un oratore motivazionale, quel messaggio potrebbe spingere le persone sulla loro vera strada. Il mezzo non è il messaggio; è solo il canale per quel messaggio.

Sto ancora cercando di scoprire un percorso chiaro per trovare il tuo scopo. Probabilmente l'universo ha lasciato degli indizi sul tuo cammino per un po', e tu li hai ignorati o li hai completamente ignorati. Posso condividere i punti di congiunzione che ho incontrato per aiutarmi a identificare il mio.

Un sistema che consiglierei per aiutare in questo è un sistema di profilazione chiamato *Progettazione umana*. Questo sistema è unico per tutti. io sono un '*6/2 proiettore mentale*' con un '*croce di sfida ad angolo sinistro*'.

A meno che tu non abbia studiato il sistema, questo non significherà nulla. Tuttavia, in termini semplici, fornisce una visione del mio scopo e di come lo realizzo.

È interessante notare che tutto si riferisce a tutto ciò che ho fatto e a ciò che mi appassiona da oltre due decenni.

Sono qui per aiutare a creare un nuovo futuro per l'umanità, libero dai sistemi attuali, essendo un modello e una guida per gli altri, il tutto basato sulla condivisione delle mie esperienze. Scrivere questo libro è un passo verso questo obiettivo.

La prossima area da considerare, che potrebbe aiutarti a imboccare la strada giusta, è ciò che sei ispirato a fare. Cosa ti piacerebbe di più fare se non dovessi andare al lavoro tutti i giorni? Che tipo di programmi TV ti piace di più guardare e perché? Quali sono i tuoi interessi? Se potessi fare una cosa per il resto della tua vita senza essere pagato, quale sarebbe? Ogni volta che fai qualcosa, poniti questa domanda.

Ho sempre avuto una passione per lo sviluppo immobiliare. Adoro vedere qualcosa trasformarsi e le mie visioni prendere vita. Ho lavorato in questo settore per tutta la mia vita; Ci sono nato, poiché i miei genitori, i miei nonni e i miei bisnonni ci sono stati per tutta la vita.
L'altra mia passione, che è sempre rimasta sullo sfondo e mi ha spinto dietro le quinte, è la ricerca della libertà e dei viaggi. A livello base, mi ribello sempre alle persone che mi dicono cosa fare, che si tratti di una figura autoritaria, di un cliente o del governo; E ho vissuto o lavorato nella maggior parte delle città del Regno Unito, ma ho sempre la

spinta a creare attività in altri paesi. Adoro sperimentare nuove culture e probabilmente ho più amici internazionali di quelli del Regno Unito.

Nel 2015 ho fatto volontariato presso un ente di beneficenza che supportava le persone senzatetto nelle West Midlands, nel Regno Unito. In questo ente di beneficenza, offriremo cibo e bevande alle persone che vivono per le strade di Wolverhampton. Nell'ambito di questo progetto, ho deciso di dedicare una settimana del mio tempo per aiutare uno dei senzatetto a tornare al lavoro, a reinserirsi nella società e a uscire dalla strada. Avevamo allestito una casa per lui e io camminavo per le strade di Wolverhampton, parlando con tutte le aziende, cercando di trovargli un lavoro.
Il problema era che, pur essendo grato che avessi organizzato tutto per lui, non lo voleva. Non voleva far parte della società tradizionale.

Allora non riuscivo a capirlo, ma era felice così com'era. Ho capito che è perché ha raggiunto la libertà dal sistema. Vivere per strada e chiedere l'elemosina potrebbe non essere la mia idea di libertà, ma è una forma di libertà, e lui ne era felice.

Ho utilizzato uno strumento online chiamato *'La prova della passione'*. Consiglio di provarlo tu stesso. Questo strumento ti aiuta a identificare le tue cinque principali passioni generali. Non a caso, se guardi il mio profilo sulla piattaforma, vedrai che la mia passione numero uno è la Libertà. Puoi trovare la valutazione sulla piattaforma geniusu.com.

C'è un ruolo per tutti nella società. Quel ruolo potrebbe essere prendersi cura dei bambini. Potrebbe gestire progetti. Alcune persone sono naturalmente dotate per ruoli specifici. Trovano questi ruoli più divertenti e più facili da svolgere rispetto ad altri. Se creassimo una società utopica, avremmo bisogno di tutti i tipi di competenze naturali. Dove vivremmo se non avessimo un costruttore naturalmente abile? Il costruttore può costruire una casa solo se qualcuno si prende cura dei suoi figli. E come mangerebbero tutti se non avessimo qualcuno che coltiva o cucina il cibo?

Mentre un lavoro può sembrare una schiavitù per una persona, per un'altra è un processo meditativo. Il nostro problema come società è che molte persone sono bloccate a svolgere ruoli che odiano *"prendere soldi"* alla fine della settimana.

Se tutti seguissero i percorsi che li appassionano, questa dinamica cambierebbe e tutti sarebbero felici di lavorare nei ruoli che gli piacciono.

Supponiamo che tu possa fare un inventario di tutte le tue abilità, delle cose che fai e delle esperienze che ti piacciono. In tal caso, questi sono gli strumenti che utilizzerai per raggiungere il tuo scopo, proprio come nel nostro esempio dell'oratore motivazionale. Queste abilità non sono necessariamente cose che fai molto. Aggiungilo al tuo elenco di inventario delle competenze.

Se riavvolgo vent'anni, mi è sempre piaciuto creare nuove offerte di servizi per la nostra attività. Creavamo meno di tre nuove offerte di servizi ogni anno, ma ero responsabile della loro creazione. In totale, ho dedicato dalle 50 alle 100 ore alla creazione di ogni nuova offerta di servizi, tempo impiegato quando non avevo nient'altro da fare. Ricordo di aver pensato che fosse qualcosa che mi sarebbe piaciuto fare a tempo pieno.

Tuttavia, comprendeva una piccola parte del mio tempo dedicato al resto dell'azienda, alla gestione di progetti e alla soddisfazione dei clienti.

Supponiamo che tu abbia mai sostenuto un test di profilazione della personalità. In tal caso, probabilmente sarai d'accordo sul fatto che il 99% di loro non ti offre un percorso di vita. Tendono a metterti in una scatola e a lasciarti un po' deluso: un senso di *"è fantastico, ma adesso?" Come posso utilizzare queste informazioni per andare avanti?'*

Dinamiche della ricchezza, creato da Roger Hamilton, è un sistema che fornisce un percorso utile. Il sistema funziona sulla premessa che esistono otto tipi principali di persone. Ogni tipo ha un percorso completamente diverso verso il successo nella propria vita in un modo che è naturale per loro. Per alcuni, si tratta di puntare i riflettori sugli altri; persone come Oprah Winfrey lo hanno fatto con successo per tutta la sua carriera. Per altri, si tratta di vedere il futuro e creare un prodotto o un'attività in linea con esso.

Persone come Elon Musk, Walt Disney e Richard Branson condividono questo tipo di personalità. Questo è anche il mio tipo di personalità. Mentre la maggior parte delle persone sente il titolo *'dinamica della ricchezza'* e lasciati scoraggiare, pensando che abbia a che fare con la gestione del tuo denaro, come dice Roger, *"la ricchezza è ciò che ti rimane dopo che tutti i soldi ti sono stati portati via"*. Come disse una volta

Einstein, «*Sono tutti dei geni. Ma se giudichi un pesce dalla sua capacità di arrampicarsi su un albero, vivrà tutta la vita credendosi stupido.* Wealth Dynamics riguarda innanzitutto l'apprendimento che sei un pesce, quindi lo sviluppo di quei punti di forza naturali invece di vivere tutta la vita seguendo la strategia di successo di qualcun altro.

Anche se non ce ne rendiamo conto, tutti noi abbiamo una combinazione di dodici convinzioni inconsce fondamentali che guidano le nostre azioni ogni giorno. Queste convinzioni sono state impresse in noi nei nostri primi sette anni di infanzia. Gestiscono la vita della maggior parte delle persone se non ne sei consapevole. Sfortunatamente non possiamo sbarazzarcene, ma se ne siamo consapevoli, possiamo imparare a notare quando potremmo essere sul punto di sabotare qualcosa nella nostra vita.

Hai mai notato come alcune persone ripetono ripetutamente schemi specifici?

Fino a qualche anno fa, avevo trascorso tutta la mia carriera ripetendo lo stesso schema inconscio. La situazione era ogni volta diversa, ma il risultato era sempre lo stesso. Qualcosa è semplicemente scattato quando ho saputo di queste dodici convinzioni fondamentali che ci guidano, e aveva perfettamente senso. Tutta la mia vita è stata dedicata alla ricerca di convalida e approvazione da parte di mio padre. Quando l'ho saputo, ho pensato subito alle volte in cui avrei raccontato a mio padre un'idea imprenditoriale, solo per chiedere la sua approvazione. Ogni attività, progetto, idea ed esperienza di vita è stato per me un modo per ricevere il suo riconoscimento, approvazione o convalida.

Il problema è che, se queste convinzioni subconsce ci guidano, non otterremo mai ciò che stiamo cercando perché, se mai ciò accadesse, manderebbe in frantumi la nostra convinzione subconscia, quindi la nostra mente ci fa fare qualcosa per sabotarla prima di raggiungerla. punto magico.

Quindi immagina di passare tutta la vita cercando di ottenere la convalida di qualcun altro e fallendo costantemente. La cosa triste è che, mentre cerchi di riempire questo vuoto, non arrivi mai dove la tua anima vuole veramente andare.

Anche se non puoi sbarazzarti di queste convinzioni, puoi esserne consapevole. Ogni volta che prendi una decisione, o se hai una visione per qualcosa nella tua vita, se sei consapevole di queste convinzioni che guidano i tuoi pensieri, puoi iniziare a notare se lo vuoi davvero. *'cosa'* o se sono le tue convinzioni subconsce che cercano di riempire un buco. Se sei interessato a saperne di più su questo argomento, iscriviti a un corso chiamato *"Crea il tuo destino"* di William Whitecloud.

Formazione scolastica

I ragazzi di oggi lasciano la scuola con moltissime cose *'falsa conoscenza'*, memorizzato da libri di testo, frazioni invertite e simili. Tuttavia, mancano delle competenze di base di cui ogni essere umano ha bisogno per funzionare in questo mondo. Questo libro non è una risorsa di riferimento che suggerisce un percorso passo dopo passo per cambiare il sistema educativo, ma dobbiamo eliminare il sistema attuale e ricominciare da capo. Non sto incolpando gli insegnanti. Conosco molti insegnanti che si lamentano del sistema educativo e di quanto sia stupido. Tuttavia, sono costretti a fornire il curriculum che viene loro presentato. Molti degli insegnanti che conosco hanno già lasciato la professione di insegnante perché erano frustrati dal fatto che non riusciva a soddisfare gran parte degli studenti.

Dobbiamo iniziare dando a ogni studente o persona un programma di apprendimento su misura. Ogni persona riceve le competenze fondamentali di lettura, scrittura, matematica di base, inglese di base e forse un po' di scienza, ma anche abilità di vita, come come coltivare la propria fonte di cibo, come cucinare, come risolvere problemi e come comunicare. Dopo aver acquisito le nozioni di base, possiamo concentrarci su un approccio di apprendimento permanente.

Invece di stare seduti in classe per anni, trascorriamo un giorno alla settimana dedicato all'apprendimento di una materia che ci interessa, il tutto in base a un obiettivo particolare che vogliamo raggiungere.

Oltre ad avere un giorno alla settimana dedicato all'apprendimento, potremmo anche avere un mentore in materia: qualcuno che ha già percorso il percorso che vogliamo seguire. Queste persone possono essere come gli anziani della comunità. Se non impariamo dalle generazioni che ci precedono, la razza umana non potrà mai evolversi al livello successivo. Continueremo a ripartire da zero e a commettere gli stessi errori ripetuti ancora e ancora.

Non sarebbe questo un sistema di apprendimento migliore, soprattutto quando passiamo dall'apprendimento in classe al 100% a un metodo di apprendimento immergendoci nella materia scelta? È così che gli esseri umani sono progettati per imparare. Non siamo robot, quindi perché dovremmo imparare come un robot?

Conclusione: utilizzare il framework nella propria vita

In queste pagine abbiamo evidenziato alcuni degli atti malvagi più nefasti commessi contro la razza umana da più di un secolo. Non importa se segui i miei suggerimenti; l'obiettivo è liberarsi dai sistemi attuali diventando meno dipendenti da essi.

Ti ho dato una struttura per farlo. Anche se ho adottato l'approccio di un modello di business, creando una società completamente nuova e funzionante al di fuori dei sistemi tradizionali, tutto si riduce a sostituire i loro sistemi con uno dei propri. Se vuoi mezzo litro di latte, puoi comprarlo al supermercato o procurarti una mucca da latte. Questa è l'opzione estrema, ma è solo un semplice esempio di come uscire dal sistema e diventare meno dipendenti da esso. Sei molto più difficile da controllare quando sei meno dipendente da esso.

Ho condiviso alcune idee per potenziali soluzioni a questi problemi. Tuttavia, alcuni potrebbero trovarli travolgenti e chiedersi da dove iniziare. Suggerisco un'azione che puoi intraprendere per iniziare quel processo di trasformazione. Qualsiasi cambiamento può sembrare scoraggiante per la maggior parte delle persone, soprattutto se si tratta di un nuovo percorso e si hanno solo prove limitate che le persone lo abbiano fatto con successo.

Tutto inizia con te. Nessuno verrà a salvarti. Nessuno cambierà le cose per te. La rielezione di Donald Trump come presidente non cambierà nulla. IL *"cappelli bianchi"* non verranno a salvarti, nonostante tutta quella falsa speranza diffusa nella comunità new age. Niente cambia a meno che tu non lo cambi. Smetti di fare affidamento su qualcun altro che venga e aggiusti il problema per te. Alza il culo e fai qualcosa tu stesso per il bene della tua famiglia.

Suggerirei di lavorare con gli altri, fare squadra, collaborare e associarsi. Ciò renderà il compito meno arduo e farete progressi tutti insieme.

Il modello che ho condiviso può essere utilizzato a livello micro, ma può anche essere utilizzato a livello macro. Inizia con una parte della tua vita, poi i tuoi affari, se ne hai uno; in caso contrario, l'attività del tuo datore di lavoro; e la tua comunità, contea, regione, stato o paese.

Diventa molto rapidamente un movimento che conquista il mondo intero. Ma tutto inizia dal primo passo, la tua vita. Da quel momento in poi tutto è solo un effetto domino.

Se tutti si concentrassero su opzioni alternative per la propria vita, il resto del mondo si auto-organizzerebbe per accogliere questo nuovo modo di essere. Non sarebbe richiesto alcuno sforzo. Un'impresa, una comunità o un Paese è semplicemente un gruppo che lavora per raggiungere un obiettivo condiviso, una cultura condivisa.

Concentrati sull'elaborazione di un'area del libro alla volta. Dedica tempo e risorse per rendere quell'area il suo stato ottimale, iniziando con una revisione di dove ti trovi ora, creando una visione di dove vuoi andare, creando un piano per realizzarlo e quindi intraprendendo le azioni necessarie.

Se desideri accedere a contenuti unici o conoscere le ultime opportunità, progetti o attività in cui sono coinvolto, ti incoraggio a unirti al mio club VIP. È gratuito e puoi iscriverti registrandoti sul mio sito web, www.wayne-fox.co.uk

Circa l'autore

Wayne Fox è un rilanciatore di affari, un rivoluzionario del settore, sviluppatore di proprietà commerciali, futurista, autore di best-seller e investitore. Direttore del gruppo Enyaw, società di investimento con sede nel Regno Unito che investe in *'stile di vita libero'* iniziative. Ha esperienza nel raggiungimento di una crescita dei ricavi a 7 e 8 cifre in precedenti iniziative di PMI.

I miei link online:

Sito web di Wayne Fox: www.wayne-fox.co.uk

Gruppo Enyaw: www.enyawgroup.com

Capitale Enyaw: www.enyawcapital.com

Proprietà Enyaw: www.enyawproperty.co.uk

Linkedin:https://www.linkedin.com/in/waynefoxuk

Twitter: https://twitter.com/WayneFoxUK1

Instagram:https://www.instagram.com/waynefoxuk

Youtube:https://www.youtube.com/@WayneFoxUK

Udemy:https://www.udemy.com/user/wayne-fox-6

www.ingramcontent.com/pod-product-compliance
Lightning Source LLC
Chambersburg PA
CBHW050155230526
45470CB00001B/99